자유로움을 쓰다,
장자 필사의 글

내면과 외부의 구분을 확고히 하고
영광과 치욕의 경계를 분명히 하면
세상의 부침에 흔들리지 않고
조급함에 휘말리지 않는다

나를 자유롭게 하는 장자의 문장들

자유로움을 쓰다, 장자 필사의 글

장자 지음   팀 구텐베르크 편역

잊고 지냈던 본연의 나를 만나는 시간
매일 따라 쓰며 마음에 새기는 『장자』 속 문장들

목차

서문 ◦ 006

이 책을 활용하는 방법 ◦ 010

제1부 　심재心齋 ◦ 014

제2부 　무위無爲 ◦ 036

제3부 　좌망坐忘 ◦ 058

제4부 　사생死生 ◦ 080

제5부 　제물齊物 ◦ 104

제6부 　소요逍遙 ◦ 128

전란의 시대와 함께 피어난 자유의 철학 ◦ 154

장자의 철학 살펴보기 ◦ 159

서문

과학 기술이 눈부시게 발전하면서 우리는 물질적으로 더없는 풍요를 누리고 있습니다. 한 손에 쥔 스마트폰 하나로 전 세계와 연결되고, 그 어느 때보다 쉽게 지식을 얻을 수 있는 시대를 살고 있죠. 하지만 그렇게 편리하고 풍요로운 삶을 살아가면서도 마음 한구석은 왠지 모르게 허전하고 불안합니다.

아침마다 울리는 알람 소리에 눈을 뜨고, 쉴 새 없이 울리는 알림 속에서 무수히 쌓여가는 일들을 처리하느라 우리는 늘 시간에 쫓기듯 살아갑니다. 하루를 마치고 집에 돌아오면 그제서야 쉬는 것 같지만, 다음 날을 미리 준비하거나 미뤄둔 일들을 해치우기 일쑤죠. 이렇게 반복되는 일상은 우리의 몸과 마음을 지치게 하고, 결국 마음의 여유를 앗아가 버립니다.

그러면서도 사회적인 성취나 물질적인 성공을 행복의 기준으로 삼으며 타인과 자신을 끊임없이 비교합니다. 그러나 그렇게 치열한 경쟁은 늘 불안과 외로움으로 이어집니다. 관계는 점점 표면적으로 변하고, 진정한 소통과 공감은 사라져 버린 듯합니다. 겉으로 보이는 성공이 아무리 빛나더라도 마음 깊숙한 곳에서 느끼는 공허함은 쉽게 메워지지 않습니다.

이렇듯 기술은 우리의 삶을 편리하게 만들었지만, 그 편리함 속에서 우리는 자연과 멀어지게 되었습니다. 빠르게 도시화되고 산업화된 환경 속에서 자연이 주는 고요함과 생명력을 잃어가고 있죠. 콘크리트 숲에서 살아가는 우리는 자연의 손길을 그리워합니다. 바쁘게 돌아가는 현대 사회는 몸과 마음에 끊임없이 자극을 주지만, 그러한 자극이 지속적으로 반복될수록 마음속 깊은 곳에서는 오히려 더 큰 공허함을 느끼게 될 뿐입니다.

그렇게 지친 우리는 결국 스스로에게 질문을 던지게 됩니다. '나는 무엇을 위해 이렇게 달려가고 있을까?', '행복은 어디에서 오는 걸까?' 하지만 그 답을 찾는 것은 쉽지 않습니다. 지금의 삶에서 벗어나기를 두려워하는 마음, 그리고 변화를 맞이하는 것에 대한 불안감이 우리를 붙잡고 있기 때문입니다. 그러나 이대로 계속해서 달리기만 한다면, 우리의 몸과 마음은 점점 더 지쳐가고, 평온은 멀어져만 갈 것입니다.

이럴 때, 중국 전국 시대 철학자 장자(莊子)의 가르침은 우리에게 세상을 좀 더 다르게 볼 수 있는 방법을 제시해 줍니다. 장자는 인간 본연의 자유, 그리고 자연과의 조화를 추구한 철학자인데요. 장자는 외부의 평가나 기준에 얽매이지 않고, 자연의 이치를 따르는 삶을 통해, 자유를 얻을 수 있다고 했습니다.

그는 우리가 성과나 인정에 대한 집착을 잠시 내려놓고, 우리 자신의 본성을 인식하고 받아들이며 살아갈 때 비로소 마음의 평온을 얻을 수 있다고 이야기합니다. 이는 끊임없이 무언가를 이루려 애쓰고 외부의 평가에 휘둘리는 우리에게 큰 깨달음을 주는 말이죠.

또한 장자는 인간이 자연의 일부임을 상기시키며, 자연과 조화를 이루고 욕망에서 벗어날 때 비로소 진정한 자유를 느낄 수 있다고 합니다. 욕망은 우리를 구속하고 불행하게 만들 뿐입니다. 장자의 가르침에 따르면, 욕망을 내려놓고 있는 그대로의 자신을 받아들이며 자연에 순응할 때 진정한 평온과 행복을 찾을 수 있습니다.

이 책은 여러분이 그러한 장자의 지혜를 직접 체험하고 내면에 새길 수 있도록 구성되어 있습니다. 하루에 한 페이지씩 그의 글을 따라 쓰면서, 바쁜 일상에서 잠시 벗어나 자신과 마주하는 시간을 가져보세요. 필사를 하면서 우리는 잠시 멈춰 내면을 들여다볼 수 있습니다. 장자의 글을 따라 쓰는 과정에서 그의 사상이 마음속에 스며들고, 잊고 지냈던 본연의 나를 만나게 될 것입니다. 마음을 담아 그의 사상을 음미하고 자신의 삶에 비추어보는, 아주 소중한 시간이 될 것입니다.

마지막으로, 여러분이 자신만의 속도로, 자신만의 방식으로 삶을 바라보고 살아가기를 희망합니다. 장자의 철학은 정답을 강요하지 않습니다. 우리에게 질문을 던지고, 스스로 답을 찾을 수 있도록 안내할 뿐입니다. 여러분이 다시 한번 자신을 발견하고, 본성에 따라 자신답게 살아가기 바랍니다.

이 책을 활용하는 방법

책의 구성 이해하기

이 책은 매일 한 페이지씩 필사할 수 있도록 다음과 같이 구성되어 있습니다.

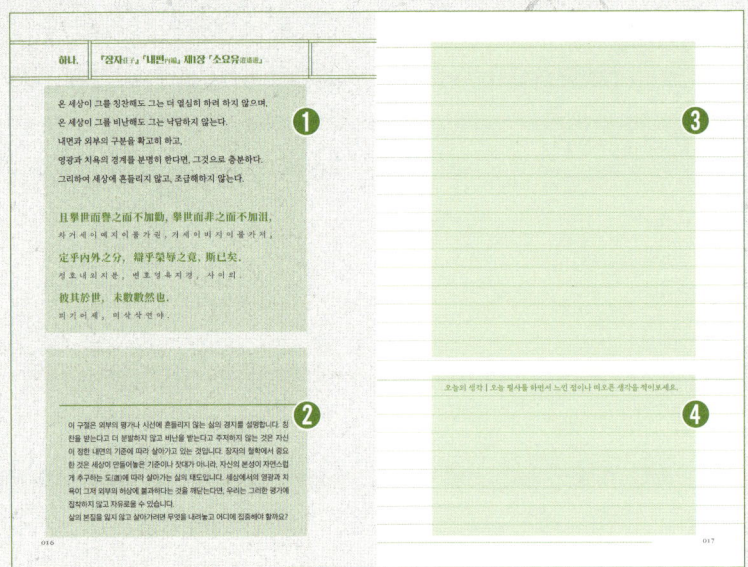

① **장자의 문장** 현대어 번역과 원문이 제공됩니다.
② **해설과 질문** 문장의 의미와 배경을 이해하기 쉽게 설명하고, 문장이 우리에게 주는 의미에 대해 질문을 던집니다.
③ **필사 공간** 장자의 문장을 따라 쓰는 공간입니다. 현대어 번역 문장만 따라 써도 좋고, 원문도 함께 따라 써도 좋습니다.
④ **오늘의 생각** 필사를 마친 후 느낀 점이나 떠오른 생각을 적는 공간입니다.

필사 전 준비 단계

① 필사에 알맞은 환경 조성하기

방해 요소가 적은 장소를 선택해 집중할 수 있는 환경을 만듭니다. 은은한 조명이나 향초, 차 한 잔 등으로 마음을 안정시키는 것도 좋습니다.

② 필기 도구 준비하기

편안하게 쓸 수 있는 펜이나 연필을 준비합니다. 특별한 의미를 부여하고 싶다면 좋아하는 필기구를 사용해 보세요.

필사를 시작하기 전에 심호흡을 하며 마음을 가다듬습니다.

필사 과정 따라하기

Step 1 장자의 문장 읽기

장자의 문장을 천천히 읽어보세요. 해설을 보기 전에 문장에 담긴 의미를 스스로 생각해 보는 것이 중요합니다.

온 세상이 그를 칭찬해도 그는 더 열심히 하려 하지 않으며, 온 세상이 그를 비난해도 그는 낙담하지 않는다.

Step 2 해설 이해하기

해설을 읽으며 문장의 뜻을 이해합니다.

해설의 내용을 바탕으로 자신의 삶과 장자의 문장을 연결 지어 질문해 봅니다.

세상에서의 영광과 치욕이 그저 외부의 허상에 불과하다는 것을 깨닫는다면, 우리는 그러한 평가에 집착하지 않고 자유로울 수 있습니다.

삶의 본질을 잃지 않고 살아가려면 무엇을 내려놓고 어디에 집중해야 할까요?

Step 3 필사하기

제공된 필사 공간에 장자의 문장을 천천히 따라 써봅니다. 장자의 의도에 집중해 보세요.

彼其於世, 未數數然也.

피 기 어 세, 미 삭 삭 연 야.
그리하여 세상에 흔들리지 않고, 조급해하지 않는다.

*팁

글씨체나 글 쓰는 속도에 신경 쓰기보다는 마음을 담아 쓰는 데 집중하세요. 필요하다면 반복해서 써보며 문장의 의미를 깊이 있게 받아들입니다.

Step 4 오늘의 생각 써보기

필사를 마친 후 떠오른 생각이나 감정을 자유롭게 적어보세요.

오늘 쓴 문장이 자신의 삶에 어떤 영향을 미치는지 돌아보고, 어떻게 적용할 수 있을지 고민해 봅니다.

제1부

마음을 비워 도(道)와 하나가 되는 상태

心齋
심재

하나. 『장자莊子』「내편內編」제1장 「소요유逍遙遊」

온 세상이 그를 칭찬해도 그는 더 열심히 하려 하지 않으며,
온 세상이 그를 비난해도 그는 낙담하지 않는다.
내면과 외부의 구분을 확고히 하고,
영광과 치욕의 경계를 분명히 한다면, 그것으로 충분하다.
그리하여 세상에 흔들리지 않고, 조급해하지 않는다.

且擧世而譽之而不加勸, 擧世而非之而不加沮,
차 거 세 이 예 지 이 불 가 권, 거 세 이 비 지 이 불 가 저,

定乎內外之分, 辯乎榮辱之竟, 斯已矣.
정 호 내 외 지 분, 변 호 영 욕 지 경, 사 이 의.

彼其於世, 未數數然也.
피 기 어 세, 미 삭 삭 연 야.

이 구절은 외부의 평가나 시선에 흔들리지 않는 삶의 경지를 설명합니다. 칭찬을 받는다고 더 분발하지 않고 비난을 받는다고 주저하지 않는 것은 자신이 정한 내면의 기준에 따라 살아가고 있는 것입니다. 장자의 철학에서 중요한 것은 세상이 만들어놓은 기준이나 잣대가 아니라, 자신의 본성이 자연스럽게 추구하는 도(道)에 따라 살아가는 삶의 태도입니다. 세상에서의 영광과 치욕이 그저 외부의 허상에 불과하다는 것을 깨닫는다면, 우리는 그러한 평가에 집착하지 않고 자유로울 수 있습니다.
삶의 본질을 잃지 않고 살아가려면 무엇을 내려놓고 어디에 집중해야 할까요?

오늘의 생각 | 오늘 필사를 하면서 느낀 점이나 떠오른 생각을 적어보세요.

둘.　『장자』「내편」제6장「대종사大宗師」

때에 편안히 순응하며 살면,
슬픔과 기쁨이 마음에 들어오지 못한다.

安時而處順,
안 시 이 처 순 ,

哀樂不能入也.
애 락 불 능 입 야 .

세상의 변화를 억지로 거스르지 않고 수용하며 살아가면, 슬픔이나 기쁨 같은 감정이 더 이상 마음에 영향을 미치지 않게 됩니다. 그럴 때 우리는 장자 철학의 핵심인 '무위(無爲)'의 태도, 즉 인위적인 노력을 하지 않고 자연스러운 흐름에 따라 살아갈 수 있습니다. 감정에 휘둘리지 않고 마음의 평온을 유지하는 경지에 이르게 되는 것입니다.
상황이나 감정에 휘둘리지 않고, 스스로의 내면을 평온하게 유지하며 살아가는 삶은 어떤 모습일까요? 자연의 흐름에 순응하면서도 흔들리지 않는 마음을 가질 수 있을까요?

오늘의 생각 | 오늘 필사를 하면서 느낀 점이나 떠오른 생각을 적어보세요.

셋. 『장자』 「내편」 제4장 「인간세人間世」

자신의 마음을 다스리는 사람은,
슬픔이나 기쁨이 앞에 닥쳐도 쉽게 흔들리지 않으며,
어찌할 수 없음을 알고 그것을 운명으로 받아들이니,
이것이 덕의 지극한 경지입니다.

自事其心者,
자 사 기 심 자 ,

哀樂不易施乎前,
애 락 불 역 시 호 전 ,

知其不可奈何而安之若命,
지 기 불 가 내 하 이 안 지 약 명 ,

德之至也.
덕 지 지 야 .

인간의 삶에는 감정의 기복이 있을 수밖에 없지만, 마음을 수양한 사람은 감정의 흐름에 휘둘리지 않고 내면의 평정을 유지합니다. 이는 감정 그 자체를 없애는 것이 아니라, 감정에 집착하지 않고 지금의 이 감정이 지나가도록 내버려 두는 것입니다.
감정에 휘둘리지 않고 평정을 유지한다면 삶이 어떻게 변화할까요?

오늘의 생각 | 오늘 필사를 하면서 느낀 점이나 떠오른 생각을 적어보세요.

넷. 『장자』 「내편」 제5장 「덕충부德充符」

도(道)의 근본을 보전하는 이는
두려움 없는 실체에 도달하게 된다.

夫保始之徵,
부 보 시 지 징 ,

不懼之實.
불 구 지 실 ,

장자의 철학에서 '두려움 없는 실체'는 도(道)를 올바르게 이해하고 내면에 새긴 사람에게 주어지는 경지입니다. 외부의 상황이나 타인의 평가에 흔들리지 않고 내면의 평온을 지키는 것이 곧 도를 따르는 삶입니다. 즉, 두려움이 없다는 것은 내면의 평온을 유지하는 것을 뜻합니다.
외부의 것에 두려워하거나 흔들리지 않고 내면의 평온을 유지하는 방법은 무엇일까요?

오늘의 생각 | 오늘 필사를 하면서 느낀 점이나 떠오른 생각을 적어보세요.

다섯. 『장자』「내편」제5장 「덕충부」

마음을 평온하고 기쁘게 하여,
막힘없이 소통하면서도 즐거움을 잃지 않습니다.
밤낮으로 흐트러짐 없이 살아가고,
만물들과 더불어 봄처럼 따뜻한 기운 속에 거합니다.
마음이 항상 자연스러운 흐름을 따르며 삶을 이어가는 것입니다.
이것을 바로 온전한 재능이라 합니다.

使之和豫, 通而不失於兌.
사 지 화 예 , 통 이 불 실 어 태 .

使日夜無郤, 而與物爲春,
사 일 야 무 극 , 이 여 물 위 춘 ,

是接而生時於心者也.
시 접 이 생 시 어 심 자 야 .

是之謂才全.
시 지 위 재 전 .

자연스러운 마음 상태를 유지하면 세상과도 막힘없이 소통하며, 그 과정에서 기쁨을 잃지 않게 됩니다. 밤낮으로 마음이 흐트러지지 않고 자연과 하나가 되어 살아갈 때, 우리는 사물들과 더불어 매 순간 새로운 생명력과 활기를 느낄 수 있습니다. 이러한 삶은 억지로 이루는 것이 아니라, 자연의 흐름을 따라가면서 자연스럽게 이루어지는 것입니다. 이것이 바로 온전한 삶의 지혜이자 능력입니다.
평온한 마음을 유지하며 자연과 조화를 이루고 있나요?

오늘의 생각 | 오늘 필사를 하면서 느낀 점이나 떠오른 생각을 적어보세요.

여섯. 『장자』「내편」제5장 「덕충부」

평온함이란 물이 고요히 머물러 그 충만함을 이루는 것과 같습니다.
그 상태가 법도가 될 수 있는 까닭은,
안으로는 고요함을 지키고 밖으로는 흔들림이 없기 때문입니다.

平者, 水停之盛也.
평 자 , 수 정 지 성 야 .

其可以爲法也,
기 가 이 위 법 야 ,

內保之而外不蕩也.
내 보 지 이 외 불 탕 야 .

고여 있는 물의 표면은 움직이지 않고 고요하지만, 그 속은 깊고 차분한 에너지로 가득 차 있습니다. 장자는 이 상태를 인간의 마음이 이상적으로 추구해야 할 상태로 설명합니다. 마음이 고요하고 자극에 흔들리지 않는다는 것은, 평정을 유지하면서도 감정과 생각이 잘 정리된 상태를 뜻합니다.
자신의 내면을 고요하게 유지하면서도 활기를 잃지 않는 방법은 무엇일까요?

오늘의 생각 | 오늘 필사를 하면서 느낀 점이나 떠오른 생각을 적어보세요.

일곱. 『장자』「내편」 제5장 「덕충부」

내가 말하는 무정함이란,
사람이 좋아함과 미워함에 따라 상처받지 않는 상태를 뜻하네.
항상 자연의 도리를 따르며, 인위적으로 무언가를 더하거나
덧붙이지 않는 것이지.

吾所謂無情者,
오 소 위 무 정 자 ,

言人之不以好惡內傷其身,
언 인 지 불 이 호 오 내 상 기 신 ,

常因自然而不益生也.
상 인 자 연 이 불 익 생 야 .

자연스럽게 흘러가는 대로 살아가고, 억지로 무언가를 탐하지 않는 것이 중요합니다. 기쁨이나 슬픔 같은 감정에 집착하지 않고, 그것들을 자연의 일부로 받아들이며 마음의 평정을 유지하는 것이 자연과 조화롭게 사는 방법입니다. 감정에 휘둘리지 않고 자연스럽게 살아가고 있나요? 감정에 대한 집착이 여러분의 삶을 불편하게 만들고 있진 않나요?

오늘의 생각 | 오늘 필사를 하면서 느낀 점이나 떠오른 생각을 적어보세요.

여덟. 『장자』「내편」 제6장 「대종사」

옛날의 참다운 사람은
그 모습이 올바르고 흐트러지지 않았다.
겉으로는 부족해 보이지만 억지로 채우려 하지 않았고,
홀로 있어도 고집스럽지 않았다.
텅 빈 듯하지만 사치스럽지 않았다.

古之眞人, 其狀義而不朋,
고 지 진 인 , 기 상 의 이 불 붕 ,

若不足而不承, 與乎其觚而不堅也.
약 부 족 이 불 승 , 여 호 기 고 이 불 견 야 .

張乎其虛而不華也.
장 호 기 허 이 불 화 야 .

참다운 삶을 사는 사람은 외부의 기준에 휘둘리지 않고, 자기 본성에 따라 살아갑니다. 겉으로 부족해 보여도 억지로 채우려 하지 않고, 홀로 있어도 자신만의 생각에 매몰되어 고집을 부리지 않습니다. 또한, 마음이 비어 있더라도 그것을 자연스럽게 받아들입니다. 참된 자유는 세상에 자신을 맞추려 하지 않고, 있는 그대로의 자신을 받아들이는 데서 옵니다.
완벽해지려고 애쓰기보다는, 있는 그대로의 자신을 받아들이며 살아가면 어떨까요?

오늘의 생각 | 오늘 필사를 하면서 느낀 점이나 떠오른 생각을 적어보세요.

| 아홉. | 『장자』「내편」제6장「대종사」|

스스로 해방되지 못하는 사람은
외부의 것들에 얽매여 있는 것일세.

而不能自解者,
이 불 능 자 해 자 ,

物有結之.
물 유 결 지 .

이리저리 얽힌 마음에서 풀려나지 못하는 이유는 외부의 사물이나 상황에 마음이 사로잡혀 있기 때문입니다. 그것이 우리의 생각과 감정을 얽어맵니다. 그러나 자유는 외부의 것에 기대지 않고, 내면에서 스스로 마음의 매듭을 풀어내는 데 있습니다. 외부의 사물이나 그것에 대한 욕망에 얽매이지 않을 때, 비로소 우리는 자연스러운 삶을 살아갈 수 있습니다.
지금 외부의 무언가에 지나치게 집착하고 있지는 않나요?

오늘의 생각 | 오늘 필사를 하면서 느낀 점이나 떠오른 생각을 적어보세요.

열. 『장자』「외편外編」제8장「변무騈拇」

스스로 만족하지 못하면서도 남의 것을 얻으려는 자는,
타인이 성취한 것을 얻었을 뿐, 자기가 성취한 것이 아니네.
남에게 맞는 것이지, 자신에게 맞는 것이 아니지.

不自得而得彼者,
부 자 득 이 득 피 자 ,

是得人之得而不自得基得者也,
시 득 인 지 득 이 부 자 득 기 득 자 야 ,

適人之適而不自適其適者也.
적 인 지 적 이 부 자 적 기 적 자 야 .

남의 성취나 기준에 맞춰 살아가는 사람은 본래 자신의 삶에서 오는 만족을 느끼지 못하며, 자신의 만족을 다른 무언가에 위탁하게 됩니다. 이것이 자아의 발견이나 내면의 자유를 막는 장애가 되는 것이지요. 삶의 주체성을 잃고, 타인의 기준에 맞춰 살면 결국 스스로를 속박하게 되는 것입니다. 타인의 기준에 맞추기보다는, 스스로의 삶에서 만족을 찾아가는 방법을 고민해 볼 필요가 있습니다.

지금 여러분은 자신의 성취를 추구하고 있나요? 외부의 기준에 맞춰 살아가고 있지는 않은가요?

오늘의 생각 | 오늘 필사를 하면서 느낀 점이나 떠오른 생각을 적어보세요.

제2부

인위적인 노력을 버리고 자연의 도를 따르는 상태

無爲

무위

하나. 『장자』「내편」 제1장 「소요유」

지인(至人)은 자아가 없고,
신인(神人)은 공을 남기지 않으며,
성인(聖人)은 이름을 남기지 않는다.

至人無己,
지 인 무 기,

神人無功,
신 인 무 공,

聖人無名.
성 인 무 명.

'지인(至人)'은 도(道)에 완전히 통달한 사람으로, 이익이나 욕망에 매이지 않고 자아를 초월한 사람을 의미합니다. '신인(神人)'은 초월적인 경지에 이른 존재로, 세상에 어떠한 업적이나 공(功)을 남기려 하지 않으며 순리에 따라 살아갑니다. 마지막으로 '성인(聖人)'은 지혜와 덕을 갖춘 인물이지만, 이름을 남기거나 명성을 추구하지 않습니다. 이들은 모두 평가나 인위적인 성취를 초월해 자연과 하나가 되는 삶을 지향합니다.
세상의 명예나 성취에 집착하지 않고, 자아와 공적을 내려놓으며 더 큰 자유를 지향하는 것은 어떨까요?

오늘의 생각 | 오늘 필사를 하면서 느낀 점이나 떠오른 생각을 적어보세요.

둘. 『장자』 「내편」 제1장 「소요유」

뱁새와 굴뚝새가 숲속에 둥지를 틀 때는
나뭇가지 하나면 충분하며,
두더지가 황하의 물을 마신다 해도
자기 배만 채우면 그만입니다.

鷦鷯巢於深林,
초 료 소 어 심 림,

不過一枝.
불 과 일 지.

偃鼠飮河,
언 서 음 하,

不過滿腹.
불 과 만 복.

작은 새는 울창한 숲속에서도 나뭇가지 하나로 둥지를 틀고, 강에서 물을 마시는 두더지도 배가 찰 만큼만 마실 뿐입니다. 이렇게 자신의 욕심을 절제하고, 필요한 만큼만 취하며 살아가는 것이 자연스러운 삶의 방식입니다. 과한 욕망을 내려놓고, 필요한 만큼만 취하는 삶이 우리에게 어떤 평온을 가져다줄 수 있을지 생각해 볼 필요가 있습니다.
자연의 흐름에 따라, 필요한 만큼만 가지며 살아가고 있나요?

오늘의 생각 | 오늘 필사를 하면서 느낀 점이나 떠오른 생각을 적어보세요.

셋. 『장자』「내편」 제2장 「제물론齊物論」

큰 도(道)는 말로 설명되지 않으며,

큰 논변은 말이 필요 없다.

큰 인(仁)은 인위적인 인(仁)이 아니고,

큰 청렴은 과하게 청렴함을 주장하지 않는다.

큰 용기는 남을 해치지 않는다.

夫大道不稱, 大辯不言,
부 대 도 불 칭 , 대 변 불 언 ,

大仁不仁, 大廉不嗛, 大勇不忮.
대 인 불 인 , 대 렴 불 겸 , 대 용 불 기 .

참된 도(道)와 덕(德)은 겉으로 드러나지 않습니다. 참된 도는 설명하거나 논리로 다루려 할 때 그 본래의 의미를 잃기 때문에, 말로써 전하려는 순간 도의 참뜻에서 멀어지게 됩니다. 마찬가지로, 참된 인(仁)과 덕목도 억지로 드러내거나 과시하려 할 때 본연의 가치를 잃습니다. 삶 속에서 덕을 추구하려면, 무엇을 드러내기 위해 노력하는 것이 아니라, 내면에서 우러나오는 자연스러운 상태를 유지하는 것이 중요한 것이지요.
자신을 드러내려는 집착에서 벗어나, 더 자연스럽고 고요하게 살아가는 것은 어떨까요?

오늘의 생각 | 오늘 필사를 하면서 느낀 점이나 떠오른 생각을 적어보세요.

넷. 『장자』 「내편」 제2장 「제물론」

항상 인(仁)을 드러내면 완전한 인을 이룰 수 없고,
너무 청렴하면 맑지만 신뢰를 얻지 못하며,
너무 용감해서 남을 해칠 정도라면 진정으로 용감하지 못하다.

仁常而不成,
인 상 이 불 성 ,

廉淸而不信,
염 청 이 불 신 ,

勇忮而不成.
용 기 이 불 성 .

덕목들은 본래 완전하게 실현되지 않습니다. 인(仁)은 언제나 중요한 덕목으로 존재하지만, 그 자체로 모든 문제를 해결하거나 완전한 상태에 도달하게 하지는 못합니다. 마찬가지로 청렴하고 깨끗한 마음이 있더라도, 그것만으로는 신뢰를 얻을 수 없습니다. 용기도 삶에 필요한 덕목이지만, 지나쳐서 남을 해치기까지 한다면 용기라 할 수 없게 됩니다. 이러한 덕목들의 불완전함은, 인간이 외부에서 찾으려는 덕이 본질적으로 한계를 지니고 있음을 보여줍니다. 외부의 덕을 완전하게 추구하기보다는, 내면의 자연스러운 본성과 조화를 이루게 하는 것이 더 중요한 길일 수 있습니다.
그렇다면 우리는 완전함을 추구하기보다, 자연스러운 흐름 속에서 덕을 받아들이고 실천해야 하지 않을까요?

오늘의 생각 | 오늘 필사를 하면서 느낀 점이나 떠오른 생각을 적어보세요.

다섯.   『장자』「내편」 제3장 「양생주養生主」

선을 행하되 명성에 가까이 가지 말고,
악을 저지르되 형벌에까지 이르지 마라.

爲善無近名,
위 선 무 근 명,

爲惡無近刑.
위 악 무 근 형.

선을 행하다 보면 자연스럽게 명예가 따라오지만, 인간은 불완전한 존재이기에 그 명예에 집착하게 되고, 본래의 목적을 상실하기 쉽습니다. 선을 베푸는 일이 명예를 위한 수단이 될 때, 그것은 더 이상 참된 선이 아니며, 오히려 자신의 마음을 해치게 됩니다.
악을 피하는 이유 역시 단순히 형벌을 두려워해서가 아니라, 그것이 본래 해로운 것이기 때문입니다. 형벌을 두려워하는 마음으로 악을 피하면, 그저 억압 속의 회피가 될 뿐입니다. 장자는 이러한 양극단에 치우치지 말고, 선악을 넘어선 상태에서 그저 본성을 지키며 살라고 가르칩니다. 명성도 형벌도 모두 인간을 속박하는 요소일 뿐, 본래의 도를 따르는 삶은 그러한 평가나 처벌에서 자유로워야 합니다.
남들의 칭찬에 좌지우지되거나 벌을 두려워하지 않고, 선을 그 자체로 행하고 있나요?

오늘의 생각 | 오늘 필사를 하면서 느낀 점이나 떠오른 생각을 적어보세요.

여섯. 『장자』「내편」 제4장 「인간세」

명성이라는 것은 서로 얽히고 부딪히는 것이며,
지혜라는 것은 다툼의 도구가 된다.
이 두 가지는 흉악한 도구일 뿐이니,
힘써 행할 것이 아니다.

名也者, 相軋也.
명 야 자 , 상 알 야 .

知者也, 爭之器也.
지 자 야 , 쟁 지 기 야 .

二者凶器, 非所以盡行也.
이 자 흉 기 , 비 소 이 진 행 야 .

명성은 사람을 고양시키지만, 명성을 좇는 순간 본래의 덕이 흐려지고 퇴색됩니다. 마찬가지로 지혜도 본래는 삶을 위한 것이지만, 다툼의 수단으로 사용되면 그 본질이 왜곡됩니다. 명성과 지혜가 서로를 이기기 위한 수단으로 전락하면, 결국 해로운 도구가 되어 사람을 망가뜨립니다. 진정으로 덕과 지혜를 삶 속에서 바르게 사용하고 있는지, 다시 생각해 볼 필요가 있습니다.
덕과 지혜를 세속의 명성을 추구하거나 경쟁하기 위한 도구로 삼고 있지는 않나요?

오늘의 생각 | 오늘 필사를 하면서 느낀 점이나 떠오른 생각을 적어보세요.

일곱. 『장자』「내편」 제5장 「덕충부」

아, 작고 미미하구나,
인위에 속하는 것들아.
오, 크고 광대하구나,
오직 자연의 덕과 하나가 되는 것이여!

眇乎小哉, 所以屬於人也.
묘호소재, 소이속어인야.

警乎大哉, 獨成其天!
오호대재, 독성기천!

'작고 미미하다'는 것은 인간이 만들어낸 것들, 특히 인위적인 도덕이 한정되고 좁다는 뜻입니다. 이것은 인간 사회에서 만들어낸 규범으로, 자연의 광대함에 비해 그 범위가 매우 작고 제한적입니다. 반면, '크고 광대하다'는 것은 자연의 도(道), 즉 우주의 이치가 무한하고 자유로워, 그 자체로 완전하고 거대한 것을 의미합니다. 그러므로 이 구절에는 인간의 인위적 규범을 넘어서, 자연의 큰 흐름 속에서 삶을 바라보라는 의미가 담겨 있습니다.

오늘의 생각 | 오늘 필사를 하면서 느낀 점이나 떠오른 생각을 적어보세요.

여덟. 　『장자』「내편」 제6장 「대종사」

욕망이 깊은 자일수록,
타고난 지혜는 부족해진다.

其耆欲深者,
기 기 욕 심 자 ,

其天機淺.
기 천 기 천 .

욕망이 깊다는 것은 세속적인 욕심과 집착에 사로잡히는 것을 뜻하고, 그럴수록 자연스럽게 살아가는 지혜, 즉 천기(天機)는 희미해집니다. 인간은 본래 무위(無爲)와 무욕(無欲)을 따르며, 인위적인 욕망을 내려놓을 때 자연스러운 삶의 흐름과 하나가 될 수 있습니다. 그러므로 우리는 욕망에 집착하며 삶의 흐름을 잃고 있지 않은지 돌아볼 필요가 있습니다.
더 조화로운 삶을 위해 욕망을 내려놓는 것은 어떨까요?

오늘의 생각 | 오늘 필사를 하면서 느낀 점이나 떠오른 생각을 적어보세요.

아홉. 『장자』 「내편」 제6장 「대종사」

천하를 천하에 그대로 간직하면 숨김이 없다.
이것이야말로 만물이 지닌 가장 큰 본성이다.

若夫藏天下於天下而不得所遯,
약 부 장 천 하 어 천 하 이 부 득 소 둔,

是恒物之大情也.
시 항 물 지 대 정 야.

스스로의 본성에 따라 있는 그대로 드러나고 숨김이 없는 것이 가장 자연스러운 상태입니다. 천하(세상)를 천하 속에 두고, 굳이 숨길 곳을 찾으려 하지 않는다는 것은, 만물이 있는 그대로의 모습을 유지하는 것이 자연의 이치라는 뜻입니다. 이렇게 자연의 흐름에 역행하지 않고, 있는 그대로를 받아들이는 삶이야말로 만물이 지닌 진리입니다.
무엇을 숨기거나 바꾸려 하기보다는, 있는 그대로의 자신과 세상을 받아들이고 살아가고 있나요?

오늘의 생각 | 오늘 필사를 하면서 느낀 점이나 떠오른 생각을 적어보세요.

열.　『장자』「외편」제8장 「변무」

바르게 살아간다는 것은 자신의 본성과 천성을 잃지 않는 것이다.
그러므로 발가락이 서로 합쳐진다고 해서 네 발가락인 것은 아니고,
발가락이 하나 더 있다고 해서 육발이인 것은 아니다.
길다고 해서 남는 것은 아니며, 짧다고 해서 부족한 것은 아니다.

彼正正者, 不失其性命之情.
피 정 정 자 , 부 실 기 성 명 지 정 .

故合者不爲騈, 而枝者不爲跂.
고 합 자 불 위 변 , 이 지 자 불 위 기 .

長者不爲有餘, 短者不爲不足.
장 자 불 위 유 여 , 단 자 불 위 부 족 .

* 발가락이 여섯 개인 사람.

바르게 살아가는 사람은 자신에게 주어진 본성을 잃지 않고, 그것을 억지로 바꾸거나 고치려 하지 않습니다. 긴 것은 남는 것이 아니고, 짧은 것은 부족한 것이 아닌 것처럼, 모든 존재는 그 자체로 충분하고 완전합니다. 자기 자신이 있는 그대로 충분하다는 사실을 깨닫고, 그 자연스러움 속에서 조화를 이루는 삶을 고민해 볼 필요가 있습니다.

오늘의 생각 | 오늘 필사를 하면서 느낀 점이나 떠오른 생각을 적어보세요.

제3부

앉아서 모든 것을 잊고 본성으로 돌아가는 상태

坐忘

좌망

하나.　『장자』「내편」제6장 「대종사」

"좌망(坐忘)이란 무엇이냐?" 이에 안회가 대답했다.
"몸의 감각을 잊고, 총명함을 버리며, 형체와 지식을 떠나
크게 통하는 도와 하나가 되는 것입니다.
이것을 좌망이라 합니다."
공자가 말했다.
"하나가 되면 더 이상 편애하는 것이 없고,
변화에 순응하면 더 이상 고정된 것이 없다."

何謂坐忘? 顔回曰,
하 위 좌 망 ? 안 회 왈 ,

墮肢體, 黜聰明, 離形去知, 同於大通, 此謂坐忘.
타 지 체 ,　출 총 명 ,　이 형 거 지 ,　동 어 대 통 ,　차 위 좌 망 .

仲尼曰
중 니 왈 ,

同則無好也, 化則無常也.
동 즉 무 호 야 ,　화 즉 무 상 야 .

좌망(坐忘)은 몸과 마음의 모든 분별을 잊어버리는 상태를 뜻합니다. 안회가 말한 좌망은 신체의 감각과 지식을 모두 내려놓고, 도(道)와 하나가 되는 경지입니다. 좋고 싫은 것에 대한 분별과 고정된 관념을 벗어버림으로써, 조화를 이루는 상태입니다. 장자는 이러한 상태에서는 더 이상 구별도 없고, 고정된 기준도 사라진다고 설명합니다. 고정된 관념과 경계를 버리고, 변화에 순응하며 더 큰 조화 속에서 살아갈 수 있는 방법을 고민해 볼 필요가 있습니다.
우리는 세상에 대한 분별과 지식을 내려놓을 수 있을까요?

오늘의 생각 | 오늘 필사를 하면서 느낀 점이나 떠오른 생각을 적어보세요.

둘. 『장자』「내편」 제2장 「제물론」

알지 못하는 지점에서 멈출 줄 아는 것,
이것이 가장 지극한 지혜다.

故知止其所不知,
고 지 지 기 소 부 지,

至矣.
지 의.

여기서 말하는 지혜란 모든 것을 알 수 없다는 사실을 받아들이는 태도입니다. 인간은 모든 것을 다 알 수 없으며, 그 한계를 인정하는 것 또한 깨달음입니다. 모르는 것을 억지로 알려고 하거나, 이해할 수 없는 것에 집착하는 것은 오히려 혼란을 불러일으킵니다. 자신이 갖고 있는 지식의 한계를 인정하고, 그 안에서 평온을 찾는 것이 삶을 살아가는 지혜인 것이지요. 알지 못하는 것에 집착하기보다는, 한계를 인정하며 마음의 평안을 찾을 필요가 있습니다.
모든 것을 알 수 없다는 사실을 받아들인다면, 우리는 얼마나 더 가벼워질 수 있을까요?

오늘의 생각 | 오늘 필사를 하면서 느낀 점이나 떠오른 생각을 적어보세요.

셋. 『장자』「내편」 제5장 「덕충부」

사람이 잊어야 할 것을 잊지 못하고 잊지 말아야 할 것을 잊는다면, 이것이야말로 참된 망각이라 할 수 있다.

人不忘其所忘而忘其所不忘,
인 불 망 기 소 망 이 망 기 소 불 망,

此謂誠忘.
차 위 성 망.

장자는 참된 망각(誠忘)을 논하며, 잊어야 할 것과 잊지 말아야 할 것을 구분할 줄 아는 것이 중요하다고 합니다. 사람들은 중요하지 않은 것에 집착하여 놓지 못하고, 진짜 중요한 것들을 잊어버리곤 하기 때문입니다. 장자가 말하는 '성망(誠忘)'이란 잊어야 할 것에 집착하고 잊지 말아야 할 본질을 잊어버리는 어리석음을 뜻합니다. 쓸모없는 집착을 내려놓고, 정말로 중요한 것을 기억하며 살아가고 있는지 돌아볼 필요가 있습니다.
우리는 무엇을 잊어야 하고 무엇을 잊지 말아야 할까요?

오늘의 생각 | 오늘 필사를 하면서 느낀 점이나 떠오른 생각을 적어보세요.

넷. 『장자』「내편」 제6장 「대종사」

하늘이 하는 일을 알고, 사람이 하는 일을 아는 것,
이것이 지극한 지혜다.
하늘의 뜻을 아는 것은 하늘이 준 생명을 그대로 받아들이는 것이다.
사람이 하는 일을 아는 것은 자신이 아는 것을 통해
알지 못하는 것을 알게 되면서 지혜를 키우기를,
하늘이 준 수명을 다할 때까지 하면서 중도에 멈추지 않는 것이다.
이것이 앎의 최고 경지이다.

知天之所爲, 知人之所爲者, 至矣!
지 천 지 소 위, 지 인 지 소 위 자, 지 의!

知天之所爲者, 天而生也
지 천 지 소 위 자, 천 이 생 야.

知人之所爲者, 以其知之所知以養其知之所不知,
지 인 지 소 위 자, 이 기 지 지 소 지 이 양 기 지 지 소 부 지,

終其天年而不中道夭者, 是知之盛也.
종 기 천 년 이 부 중 도 요 자, 시 지 지 성 야.

하늘이 하는 일을 안다는 것은 자연의 이치와 흐름을 깨닫고 그것을 받아들이는 것을 의미합니다. 즉, 자연이 정한 생명의 흐름을 거스르지 않고 순리대로 살아가는 것입니다. 반면 사람이 하는 일을 안다는 것은 우리가 아는 지식으로 모르는 부분을 채우며, 지혜를 길러가는 과정을 의미합니다. 이렇게 함으로써 수명을 다할 때까지 하늘의 뜻을 따르며 중도에 멈추지 않게 됩니다.
자연의 이치를 받아들이고, 해야 할 일을 다한다면 더 온전한 삶을 살 수 있지 않을까요?

오늘의 생각 | 오늘 필사를 하면서 느낀 점이나 떠오른 생각을 적어보세요.

다섯. 『장자』「내편」 제6장 「대종사」

도(道)는 실재하며, 믿을 수 있다.
그러나 하는 일도 형체도 없다.
전할 수는 있지만, 직접 받을 수는 없으며
얻을 수는 있지만, 눈에 보이지는 않는다.

夫道有情有信, 無爲無形.
부 도 유 정 유 신 , 무 위 무 형 .

可傳而不可受, 可得而不可見.
가 전 이 불 가 수 , 가 득 이 불 가 견 .

장자가 말하는 도(道)는 신뢰할 수 있는 실재입니다. 그러나 무언가를 하지도 형체를 지니지도 않기에, 어떤 고정된 형태나 특정한 행동으로 나타나지 않습니다. 말로 전할 수 있지만, 그저 듣는 것만으로는 온전히 이해할 수 없으며, 눈에 보이는 방식으로는 확실하게 파악할 수 없습니다. 따라서 도는 삶의 경험 속에서 자연스럽게 깨달아야 하는 것입니다.

오늘의 생각 | 오늘 필사를 하면서 느낀 점이나 떠오른 생각을 적어보세요.

여섯. 『장자』「내편」제6장 「대종사」

억지로 편안해지려 해도 웃음에 미치지 못하고,
억지로 웃어도 자연을 따르는 것에는 미치지 못한다.
자연을 따르며 주변의 변화조차 잊어버린다면,
마침내 고요한 하늘 속으로 들어가 하나가 될 것이다.

造適不及笑, 獻笑不及排,
조적불급소, 헌소불급배,

安排而去化, 乃入於寥天一.
안배이거화, 내입어료천일.

장자는 인위적인 노력으로 편안해지거나 즐거워지려는 시도가 결국 무의미하다고 말합니다. 억지로 무언가를 이루려는 행동은 오히려 그 본질에서 멀어지게 하며, 자연스러운 흐름과는 거리가 먼 결과를 초래할 뿐입니다. 기쁨이나 편안함은 억지로 만들어낼 수 없는 것이며, 그저 자연의 흐름 속에서 이루어져야 하는 것입니다. 억지로 조화를 이루려 하다 보면, 도리어 자연과는 동떨어진 삶을 살게 될 뿐입니다.
편안해지거나 즐거워지려 억지로 애쓰고 있지 않나요? 자연스러운 흐름 속에서 평온을 찾는 삶은 어떤 모습일까요?

오늘의 생각 | 오늘 필사를 하면서 느낀 점이나 떠오른 생각을 적어보세요.

일곱. 『장자』「외편」제8장 「변무」

덕을 높이 세우고 본성을 억누르며 명성을 얻으려 하고,
천하 사람들이 지키지 못할 법을 따르도록 부추기는 것이 옳은가?

擢德塞性以收名聲,
탁 덕 색 성 이 수 명 성,

使天下簧鼓以奉不及之法非乎?
사 천 하 황 고 이 봉 불 급 지 법 비 호?

장자는 덕을 과시하며 자신의 본성을 억제하고, 명예나 명성을 좇는 삶이 순리를 추구하는 도(道)에 어긋난다고 비판합니다. 또한 인위적으로 만들어진 규범과 도덕을 따르게 하려고 천하 사람들을 선동하는 모습이 얼마나 헛된 일인지 지적합니다. 장자에게 덕은 겉으로 드러나는 인위적인 것이 아니며, 본성을 억누르면서까지 얻는 명성은 참된 가치가 아닙니다. 오히려 이러한 시도는 도를 벗어난 행위로, 자연스러움을 잃게 만드는 인간의 집착입니다.
인정과 명성을 위해 본성을 억누르고 있지 않나요? 자연스러운 삶과 내면의 자유를 회복하기 위해 무엇을 내려놓을 수 있을까요?

오늘의 생각 | 오늘 필사를 하면서 느낀 점이나 떠오른 생각을 적어보세요.

여덟. 『장자』「외편」 제8장 「변무」

소인은 자신의 몸을 이익에 바치고,
선비는 자신의 몸을 명예에 바친다.
대부는 자신의 몸을 가문에 바치고,
성인은 자신의 몸을 천하에 바친다.
그러므로 이 여러 부류의 사람들은 각자 하는 일은 다르고,
명성도 각자 다르지만,
자신의 몸을 희생해 본성을 해친다는 점에서는 똑같다.

小人則以身殉利, 士則以身殉名.
소인즉이신순리, 사즉이신순명.

大夫則以身殉家, 聖人則以身殉天下.
대부즉이신순가, 성인즉이신순천하.

故此數子者, 事業不同, 名聲異號,
고차수자자, 사업부동, 명성이호,

其於傷性以身爲殉, 一也.
기어상성이신위순, 일야.

소인, 선비, 대부, 성인 모두 각자의 목표를 위해 살아가지만, 이 과정에서 그들은 자신의 본성을 희생하고 자연스러움을 잃습니다. 아무리 고귀한 목적을 가지고 있어도, 그것이 자기 본성을 희생하게 만들면 결국 모두가 같은 틀에 갇힌 삶을 살게 됩니다.
중요한 것은 삶의 목표 그 자체가 아니라, 그 목표 때문에 자신의 본성과 자연스러움까지 해치지 않는 것입니다.

오늘의 생각 | 오늘 필사를 하면서 느낀 점이나 떠오른 생각을 적어보세요.

아홉. 『장자』「외편」「변무」제8장

세상 모든 사람은 무언가를 위해 자신을 희생한다.
어떤 이는 인의(仁義)를 위해 자신을 희생하니,
세상 사람들은 그를 군자라 부른다.
어떤 이는 재물을 위해 자신을 희생하니,
세상 사람들은 그를 소인이라 부른다.
무언가를 위해 자신을 희생하는 것은 같은데,
어떤 이는 군자로 불리고,
어떤 이는 소인으로 불린다.

天下盡殉也.
천 하 진 순 야 .

彼其所殉人義也, 則俗謂之君子.
피 기 소 순 인 의 야 , 즉 속 위 지 군 자 .

其所殉貨財也, 則俗謂之小人.
기 소 순 화 재 야 , 즉 속 위 지 소 인 .

其殉一也, 則有君子焉, 有小人焉.
기 순 일 야 , 즉 유 군 자 언 , 유 소 인 언 .

장자는 군자나 소인이라는 구분 자체가 인위적이며, 본질적으로는 큰 차이가 없다고 봅니다. 세상 사람들은 인의에 집착하는 자를 군자라 칭송하고, 재물에 집착하는 자를 소인이라 멸시하지만, 장자의 관점에서 이들은 모두 자신의 집착에 얽매인 상태입니다. 즉, 집착하는 대상이 다를 뿐 결국 똑같이 무언가에 사로잡혀 있다는 점에서 둘은 같은 부류에 속합니다.
우리가 집착하고 있는 것, 우리를 얽매고 있는 것은 무엇일까요?

오늘의 생각 | 오늘 필사를 하면서 느낀 점이나 떠오른 생각을 적어보세요.

열. 『장자』 「외편」 「변무」 제8장

내가 말하는 선함이란, 인위적인 인의(仁義)를 말하는 것이 아니다.
그저 본성의 덕을 따르는 것일 뿐이다.
내가 말하는 선함이란,
사람들이 말하는 인의(仁義)를 뜻하는 것이 아니다.
스스로의 본성과 운명을 따르는 것을 말할 뿐이다.
내가 말하는 총명함이란,
남의 소리를 잘 듣는 것을 말하는 것이 아니라,
스스로의 소리를 듣는 것일 뿐이다.

吾所謂臧者, 非仁義之謂也, 臧於其德而已矣.
오 소 위 장 자 , 비 인 의 지 위 야 , 장 어 기 덕 이 이 의 .

吾所謂臧者, 非所謂仁義之謂也,
오 소 위 장 자 , 비 소 위 인 의 지 위 야 ,

任其性命之情而已矣.
임 기 성 명 지 정 이 이 의 .

吾所謂聰者, 非謂其聞彼也, 自聞而已矣.
오 소 위 총 자 , 비 위 기 문 피 야 , 자 문 이 이 의 .

장자는 선(善)이란 남이 정해놓은 도덕적 기준을 따르는 것이 아니라, 자신의 자연스러운 본성을 따라 살아가는 것이어야 한다고 말합니다. 인의(仁義) 같은 사회적 덕목은 인위적으로 만들어진 것이므로, 그것을 따르는 것은 진정한 덕이 아니며, 도를 따르는 삶에서는 그런 기준을 넘어서야 합니다.
장자가 말하는 진정한 도와 지혜는 어디서 찾아야 할까요?

오늘의 생각 | 오늘 필사를 하면서 느낀 점이나 떠오른 생각을 적어보세요.

제4부

삶과 죽음을 자연의 일부로 받아들이는 상태

死生

사생

하나.　『장자』「내편」 제2장 「제물론」

내가 어찌 알겠는가?
죽음이 마치 젊은 시절 방황하다
고향으로 돌아갈 줄 모르는 사람과 다르겠는가?

予惡乎知惡死之非弱喪而不知歸者邪?
여 오 호 지 오 사 지 비 약 상 이 부 지 귀 자 야 ?

장자는 죽음을 두려워하는 것이 잘못된 전제에서 비롯된 것은 아닌지 질문을 던집니다. 죽음을 두려워하는 이유는, 죽음을 마치 삶과 단절된 무언가로 여기기 때문입니다. 마치 길을 잃고 방황하는 사람이 고향으로 돌아가는 길을 모르듯이, 우리는 죽음이 두려운 것, 미지의 것이라고 생각합니다. 그러나 장자는, 죽음이 어쩌면 고향으로 돌아가는 자연스러운 과정일지도 모른다는 가능성을 제시합니다. 다시 말해, 우리가 두려워하는 죽음은 사실 자연의 순환 속에서 본래의 자리로 돌아가는 과정이라는 것입니다. 고향으로 돌아가는 것이 두려워할 일이나 걱정할 일이 아니듯, 죽음 또한 우리가 두려워할 일이 아니라는 것이지요.
죽음이 단절이나 끝이 아니라 자연의 일부로서 우리의 본래 자리로 돌아가는 것이라면, 우리는 과연 죽음을 두려워할 필요가 있을까요?

오늘의 생각 | 오늘 필사를 하면서 느낀 점이나 떠오른 생각을 적어보세요.

둘. 『장자』「내편」 제3장 「양생주」

장작이 다 타버리더라도
그 불씨는 남아 전해지며,
그 끝은 어디인지 알 수 없다.

指窮於爲薪,
지 궁 어 위 신 ,

火傳也,
화 전 야 ,

不知其盡也.
부 지 기 진 야 .

장작은 결국 다 타서 소멸하게 되지만, 불은 장작을 태우면서 계속해서 타오릅니다. 여기서 장작은 개별적인 생명이나 물질을 상징하며, 불은 그 생명이나 에너지의 연속성을 상징합니다. 즉, 개체는 사라질 수 있지만, 그 에너지는 자연의 흐름 속에서 계속 존재한다는 것입니다. 장작이 다 타도 그 불씨는 꺼지지 않고 계속 전해지며, 그 끝은 알 수 없습니다. 이처럼 우리는 죽음을 끝이라고 생각하지만, 자연의 큰 흐름 안에서는 그 끝을 알 수 없는 더 큰 연속성이 있습니다. 장자는 이처럼 개체의 소멸에 얽매이지 말고, 더 큰 자연의 순환과 연결된 흐름 속에서 삶과 죽음을 바라보라고 말합니다.

삶과 죽음이 고립된 사건이 아니라, 자연의 더 큰 흐름 속에 있는 하나의 연결된 과정이라는 사실을 인지하며 살아가는 것은 어떨까요?

오늘의 생각 | 오늘 필사를 하면서 느낀 점이나 떠오른 생각을 적어보세요.

셋. 『장자』「내편」 제5장 「덕충부」

삶과 죽음은 참으로 큰 문제이나, 그 때문에 변화하지 않는다.
비록 하늘과 땅이 무너진다 해도, 그 자신을 잃지 않는다.
거짓 없는 도를 찾아 만물의 변화에 휩쓸리지 않고,
그 변화를 따르되 자신의 본질을 지킨다.

死生亦大矣, 而不得與之變.
사 생 역 대 의, 이 부 득 여 지 변.

雖天地覆墜, 亦將不與之遺.
수 천 지 복 추, 역 장 불 여 지 유.

審乎無假, 而不與物遷, 命物之化而守其宗也.
심 호 무 가, 이 불 여 물 천, 명 물 지 화 이 수 기 종 야.

삶과 죽음은 그저 자연의 순리대로 흘러가는 것이며, 인간은 그 흐름을 거스를 수 없습니다. 이러한 불변의 진리 속에서 우리는 자연의 변화를 받아들이고 그에 순응해야 합니다. 하지만 장자는 자연의 변화에 순응하면서도 자신의 본질, 즉 근본을 지키는 것이 중요하다고 말합니다. 만물은 끊임없이 변화하지만, 그 변화 속에도 변하지 않는 본질이 있습니다. 인간은 이러한 자연의 변화 속에서 자신의 본질을 잃지 않고 스스로를 지켜나가야 합니다. 죽음조차도 자연의 변화 중 하나일 뿐이기에, 두려워하거나 거스르려 하지 않고 그 속에서 자신의 자리를 지키는 것이 지혜입니다.
여러분은 삶이라는 거대한 변화 속에서도, 자신의 본질과 본성을 지키며 살아가고 있나요? 자신의 중심을 잃지 않고 살아가는 여러분만의 방법은 무엇인가요?

오늘의 생각 | 오늘 필사를 하면서 느낀 점이나 떠오른 생각을 적어보세요.

넷.   『장자』「내편」 제5장 「덕충부」

어찌할 수 없는 일임을 알면서도
그것을 마치 운명처럼 편안히 받아들이는 것,
오직 덕을 갖춘 자만이 그렇게 할 수 있소.

知不可奈何而安之若命,
지 불 가 내 하 이 안 지 약 명,

唯有德者能之.
유 유 덕 자 능 지.

장자는 우리가 통제할 수 없는 일들에 대해 불안해하거나 저항하는 대신, 그저 운명의 일부로 받아들이는 태도가 중요하다고 말합니다. 여기서 '덕(德)'은 도(道)와 깊이 연결된 덕성을 의미하며, 자연의 흐름에 자신을 맡기고 인위적인 노력이나 집착에서 벗어나는 경지를 뜻합니다. 어찌할 수 없는 상황을 운명처럼 받아들이는 것은 세상과 도의 큰 흐름을 깨달은 자만이 도달할 수 있는 깊은 평온의 상태입니다.

삶에서 마주하는 불가피한 일들을 억지로 바꾸려 하기보다는, 덕을 쌓아 자연스럽게 받아들이는 태도를 배워보는 것은 어떨까요?

오늘의 생각 | 오늘 필사를 하면서 느낀 점이나 떠오른 생각을 적어보세요.

다섯. 『장자』「내편」 제6장 「대종사」

고대의 참된 사람은 삶을 기뻐하지도 않고,
죽음을 싫어하지도 않았다.
그들은 세상에 나올 때도 기뻐하지 않았고,
떠날 때도 거부하지 않았다.
바람처럼 가볍게 떠나고, 바람처럼 가볍게 왔을 뿐이다.
자신의 시작을 잊지 않았고, 끝을 알려고 하지도 않았다.
삶을 받아들이고 그 안에서 즐거워하며,
삶을 잃으면 왔던 곳으로 돌아갔다.

古之眞人, 不知說生, 不知惡死,
고지진인, 부지열생, 부지오사,

其出不訢, 其入不距, 翛然而往, 翛然而來而已矣.
기출불흔, 기입불거, 소연이왕, 소연이래이이의.

不忘其所始, 不求其所終, 受而熹之, 忘而復之.
불망기소시, 불구기소종, 수이희지, 망이복지.

'참된 사람(眞人)'은 삶과 죽음을 수동적으로 받아들이는 존재가 아닙니다. 그들은 인위적인 가치 판단을 완전히 내려놓고, 무위자연(無爲自然)의 경지에서 삶과 죽음을 하나의 연속된 과정으로 받아들입니다. 삶과 죽음은 그들에게 서로 분리된 것이 아니라, 자연의 흐름에 따라 흘러가는 하나의 과정일 뿐입니다. 참된 사람은 그 흐름 속에서 고통이나 두려움에 얽매이지 않고, 자연과 조화를 이루며 자유로움을 누립니다.
삶과 대한 집착과 죽음에 대한 두려움을 내려놓고 자신을 자연의 흐름에 맡긴다면, 우리는 어떤 자유를 찾을 수 있을까요?

오늘의 생각 | 오늘 필사를 하면서 느낀 점이나 떠오른 생각을 적어보세요.

여섯. 『장자』 「내편」 제6장 「대종사」

대자연이 나에게 형체를 주어 삶으로 나를 고되게 하고,
늙음으로 나를 편안하게 하며, 죽음으로 나를 쉬게 한다.
그러므로 삶을 좋게 여긴다면, 죽음도 좋게 여길 수 있다.

夫大塊載我以形, 勞我以生.
부 대 괴 재 아 이 형, 노 아 이 생.

佚我以老, 息我以死.
일 아 이 로, 식 아 이 사.

故善吾生者, 乃所以善吾死也.
고 선 오 생 자, 내 소 이 선 오 사 야.

대자연은 우리에게 생명을 주고, 그 생명은 노동과 고단함을 수반합니다. 그러다 늙음이 찾아오면 쉬게 되고, 마지막에 죽음을 맞이할 때는 완전한 휴식에 이릅니다. 장자는 삶과 죽음이 하나의 연결된 과정임을 깨우치며, 삶을 사랑하는 것이 곧 죽음을 잘 준비하는 것이라고 말합니다. 죽음을 두려워하거나 피하려 하지 말고, 자연의 순리대로 삶과 죽음을 모두 받아들이라는 것이지요.
우리는 지금 잘 살고 있을까요? 그리고 삶을 통해 죽음을 어떻게 준비하고 받아들여야 할까요?

오늘의 생각 | 오늘 필사를 하면서 느낀 점이나 떠오른 생각을 적어보세요.

일곱. 『장자』「내편」제6장 「대종사」

생명을 해치는 자가 꼭 죽는 것은 아니고,
생명을 살리는 자가 꼭 살아나는 것도 아닙니다.

殺生者不死,
살 생 자 불 사,

生生者不生.
생 생 자 불 생.

삶과 죽음은 도덕적 판단이나 인과 관계로 설명되지 않습니다. 사람들은 흔히 악한 자는 죽음을 맞이하고, 선한 자는 생명을 얻게 될 것이라 기대하지만, 자연의 이치는 그렇게 단순하지 않습니다. 장자는 생명을 해친 자가 반드시 죽음을 맞이하지 않을 수 있고, 생명을 구하려는 자가 오히려 더 빨리 죽음을 맞이할 수도 있음을 말해줍니다. 삶과 죽음은 인간의 기준으로 판단할 수 없는, 더 깊은 자연의 흐름에 속한 문제입니다.

이렇듯 삶과 죽음이 우리의 기대나 판단을 벗어난다면, 우리는 삶과 죽음을 대하는 태도를 어떻게 바꾸어야 할까요?

오늘의 생각 | 오늘 필사를 하면서 느낀 점이나 떠오른 생각을 적어보세요.

여덟. 『장자』 「내편」 제3장 「양생주」

세상에 온 것은 자기 때에 맞추어 온 것이고,
세상을 떠난 것은 자연의 흐름을 따라간 것이지.

適來, 夫子時也.
적래, 부자시야.

適去, 夫子順也.
적거, 부자순야.

'적래(適來)'는 마치 바람이 불어오듯, 자연스럽게 다가오는 때를 의미하며, '적거(適去)'는 그 흐름에 따라 떠나는 것을 뜻합니다. 이는 억지로 무언가를 붙잡으려 하거나 떠나는 것을 막으려 하지 말고, 모든 것을 자연스럽게 받아들이라는 의미입니다. 장자의 철학에서 중요한 것은, 세상의 변화와 흐름 속에서 무언가에 얽매이지 않고 자유롭게 살아가며, 자연에 몸을 맡기는 자세입니다.
우리가 삶의 순간들을 붙잡으려 할 때, 그 집착이 오히려 더 큰 괴로움을 낳는 것은 아닐까요? 모든 것을 자연의 이치에 맡기고, 그 흐름을 따르는 지혜를 배우면 어떨까요?

오늘의 생각 | 오늘 필사를 하면서 느낀 점이나 떠오른 생각을 적어보세요.

아홉. 『장자』 「내편」 제4장 「인간세」

일을 형편에 맞게 하며 자신을 잊는다면,
어찌 삶을 기뻐하고 죽음을 미워할 여유가 있겠습니까!

行事之情而忘其身,
행 사 지 정 이 망 기 신 ,

何暇至於悅生而惡死!
하 가 지 어 열 생 이 오 사 !

삶과 죽음을 구분하지 않고 자연스럽게 받아들일 수 있는 상태에 이르면, 굳이 생명을 소중히 여기고 죽음을 두려워할 필요가 없어집니다. 이는 삶과 죽음이 본래 하나로 이어진 자연의 일부임을 깨닫는 경지입니다.
그렇다면, 우리는 왜 삶에 집착하고 죽음을 두려워할까요? 스스로를 잊고 자연의 흐름에 맡길 때, 진정한 평온을 찾을 수 있지 않을까요?

오늘의 생각 | 오늘 필사를 하면서 느낀 점이나 떠오른 생각을 적어보세요.

열. 『장자』 「내편」 제5장 「덕충부」

어찌하여 그에게 삶과 죽음이 하나임을 알려주어
옳은 것과 옳지 않은 것을 하나로 여기게 하지 않는가?
그러면 마음을 속박하는 족쇄에서 풀려나는 것이
가능하지 않겠는가?

胡不直使彼以死生爲一條,
호 부 직 사 피 이 사 생 위 일 조 ,

以可不可爲一貫者,
이 가 불 가 위 일 관 자 ,

解其桎梏, 其可乎?
해 기 질 곡 , 기 가 호 ?

삶과 죽음, 옳은 것과 옳지 않은 것은 서로 분리된 것이 아니라, 하나로 이어진 흐름입니다. 우리는 이들을 상반된 개념으로 보고 스스로에게 족쇄를 채우며 스스로 마음을 얽매지만, 그 족쇄를 풀어버릴 때 자유로워질 수 있습니다. 족쇄는 바로 우리의 고정 관념, 사회적 규범, 두려움 같은 것들로, 지금도 우리의 마음을 속박하고 있습니다.
그렇다면 지금 나를 속박하고 있는 족쇄는 무엇인가요? 그 족쇄를 풀고 자유로워지기 위해서는 무엇을 내려놓아야 할까요?

오늘의 생각 | 오늘 필사를 하면서 느낀 점이나 떠오른 생각을 적어보세요.

열하나. 『장자』「내편」제6장「대종사」

죽고 사는 것은 운명이다.
밤과 낮이 늘 바뀌는 것처럼,
이 또한 하늘의 섭리다.
사람이 어떻게 할 수 없는 일은
모두 자연의 이치일 뿐이다.

死生, 命也.
사 생, 명 야.

其有夜旦之常, 天也.
기 유 야 단 지 상, 천 야.

人之有所不得與,
인 지 유 소 부 득 여,

皆物之情也.
개 물 지 정 야.

삶과 죽음은 하늘이 정한 자연의 섭리입니다. 밤과 낮이 끊임없이 교차하듯, 삶과 죽음도 우리가 거스를 수 없는 자연의 흐름입니다. 인간이 아무리 노력해도 피할 수 없는 일들이 있는데, 그것은 자연의 순리에 따른 것이므로 억지로 바꾸려 해서는 안 되는 것입니다. 모든 존재는 그 자체로 자연스러운 것이며, 억지로 개입하지 않는 태도가 바로 지혜입니다.
그렇다면 피할 수 없는 일들을 두려워하고 불안해하기보다, 자연스럽게 받아들이는 것이 더 현명하지 않을까요?

오늘의 생각 | 오늘 필사를 하면서 느낀 점이나 떠오른 생각을 적어보세요.

제5부

만물이 평등하고 하나임을 깨닫는 상태

齊物

제물

하나. 『장자』「내편」 제1장 「소요유」

지금 자네에게 큰 나무가 하나 있는데,
자네는 그 나무가 쓸모없다고 걱정하는군.
왜 그 나무를 아무것도 없는 땅에 심지 않나?
광활한 들판에 심어두고 그 옆에서 한가롭게 거닐며,
그 아래에 편히 누워보게나.
그 나무는 도끼에 베일 일도 없고 해치는 자도 없을 것이니,
쓸모가 없다면 무엇이 고통스럽겠는가?

今子有大樹, 患其無用, 何不樹之於無何有之鄕,
금자유대수, 환기무용, 하불수지어무하유지향,

廣莫之野, 彷徨乎無爲其側, 逍遙乎寢臥其下.
광막지야, 방황호무위기측, 소요호침와기하.

不夭斤斧, 物無害者, 無所可用, 安所困苦哉!
불요근부, 물무해자, 무소가용, 안소곤고재!

장자는 쓸모없어 보이는 것이 오히려 더 큰 가치를 지닐 수 있다고 말합니다. 쓸모없다고 여기는 것들은 다른 이들의 관심에서 벗어나, 오히려 안전하게 오래 남아 있을 수 있습니다. 세속적 기준에서 벗어나 본래의 자연스러운 상태로 존재하는 것이 더 큰 의미를 가지는 것입니다.
쓸모없어 보였던 것이 오히려 더 중요한 역할을 했던 경험이 있나요? 혹은 세상의 기준에서 벗어난 자신만의 가치를 찾았나요?

오늘의 생각 | 오늘 필사를 하면서 느낀 점이나 떠오른 생각을 적어보세요.

둘.   『장자』「내편」제2장 「제물론」

성인은 옳고 그름을 모두 받아들여
하늘이 내린 균형 속에서 평온을 얻는다.
이것을 옳고 그름을 모두 얻는 것이라 한다.

是以聖人和之以是非而休乎天鈞,
시 이 성 인 화 지 이 시 비 이 휴 호 천 균 ,

是之謂兩行.
시 지 위 양 행 .

사람들은 옳고 그름을 가리려고 하지만, 성인은 이 두 개념을 모두 받아들이며, 어느 한쪽에 집착하지 않습니다. 그렇기에 성인은 세상의 혼란과 시비에 휘말리지 않고 그 모든 것을 초월해 조화와 평화를 유지하는 것입니다.
우리는 왜 항상 옳고 그름을 따지며 한쪽만을 고집할까요? 성인처럼 두 가지 길을 함께 걸어가며, 조화로운 평온을 찾는 것은 어떨까요?

오늘의 생각 | 오늘 필사를 하면서 느낀 점이나 떠오른 생각을 적어보세요.

셋. 『장자』「내편」제2장「제물론」

옳고 그름을 따지기 시작하면,
도(道)는 그 본래의 모습을 잃게 된다.
도가 그 본래의 모습을 잃게 되면서,
사사로운 정(情)도 생겨났다.

是非之彰也, 道之所以虧也.
시 비 지 창 야, 도 지 소 이 휴 야.

道之所以虧, 愛之所以成.
도 지 소 이 휴, 애 지 소 이 성.

장자는 우리가 옳고 그름을 따지기 시작할 때 사사로운 정이 생겨나 만물에 대한 구별과 차별이 생긴다고 말합니다. 도는 모든 것을 원래 존재하는 방식 그대로 받아들이며, 차별 없이 포용하는 법칙입니다. 그러나 시비를 가리는 순간 도의 포용성은 손상되고, 만물에 대한 차별이 생겨나 특정한 대상에 대한 사사로운 애정과 감정이 발생합니다.

오늘의 생각 | 오늘 필사를 하면서 느낀 점이나 떠오른 생각을 적어보세요.

넷. 『장자』「내편」 제2장 「제물론」

도(道)는 본래 경계가 없고,

말은 본래 일정한 기준이 없다.

그러나 사람들은 이것이 옳다고 하여 경계를 만들어낸다.

夫道未始有封.
부 도 미 시 유 봉 .

言未始有常,
언 미 시 유 상 ,

爲是而有畛也.
위 시 이 유 진 야 .

장자는 도가 본래 무한하며, 어떤 경계나 한계도 없다고 가르칩니다. 도는 자연의 이치이자 우주의 흐름으로, 그 자체로 자유롭고 형태가 없습니다. 마찬가지로 말 역시 본래 고정된 기준이 없고, 언제든 상황과 맥락에 따라 변할 수 있는 것이지요. 그러나 사람들은 자신들의 기준으로 옳고 그름을 나누며 인위적인 경계를 만들어내고, 그 경계에 갇혀버립니다. 이것이 세상을 좁고 답답하게 만드는 원인입니다.

우리가 만들어낸 경계나 기준들이 불변하는 진리일까요? 경계를 넘어선 더 넓고 자유로운 시각으로 세상을 바라보는 것은 어떨까요?

오늘의 생각 | 오늘 필사를 하면서 느낀 점이나 떠오른 생각을 적어보세요.

다섯. 『장자』「내편」 제2장 「제물론」

변론을 해도
보지 못하는 것이 있다.

辯也者,
변 야 자 ,

有不見也.
유 불 견 야 .

장자는 논쟁이나 변론이 아무리 논리적이어도 모든 것을 꿰뚫어 보지는 못한다고 합니다. 말과 논리는 인간의 생각과 판단을 표현하는 도구일 뿐, 모든 진리를 담을 수는 없습니다. 변론에 매달리다 보면 오히려 본질을 놓칠 수 있고, 말의 한계로 인해 보지 못하는 진리가 있다는 것을 깨달아야 합니다.
그렇다면 논리와 말로 모든 것을 해결하려 하는 것이 과연 옳을까요? 말로 설명되지 않는 더 깊은 진리가 있지 않을까요?

오늘의 생각 | 오늘 필사를 하면서 느낀 점이나 떠오른 생각을 적어보세요.

여섯. 『장자』「내편」제2장 「제물론」

도(道)가 밖으로 완전히 드러나면 그것은 더 이상 도가 아니다.
도를 말로 설명하려 하면 말로 표현할 수 없는 부분이 남는다.

道昭而不道,
도 소 이 부 도,

言辯而不及.
언 변 이 불 급.

참된 도(道)란 말로 표현할 수도 명확하게 드러낼 수도 없는 것입니다. 도는 본래 일정한 형태가 없기에, 그것을 설명하려 하거나 정의하는 순간 본질에서 멀어지게 됩니다. 아무리 뛰어난 말솜씨로 말해도, 그 말 속에 담긴 지혜가 도의 온전한 경지에 미치지 못하는 이유가 여기에 있습니다. 도는 말로 규정되거나 논리로 가둘 수 없는 것으로, 그저 스스로 느끼고 체험해야 하는 것입니다.
그러면 우리는 말로 정의되지 않는 것, 설명할 수 없는 그 무엇을 어떻게 이해해야 할까요? 말이 아닌 다른 방식으로 도를 느끼고 체험하는 길이 있지 않을까요?

오늘의 생각 | 오늘 필사를 하면서 느낀 점이나 떠오른 생각을 적어보세요.

일곱. 『장자』「내편」 제2장 「제물론」

많은 사람들이 끊임없이 애쓰며 살아가기에
성인은 오히려 어리석어 보이지만,
많은 세월을 겪고 나서는 하나의 순수에 이르지.

衆人役役,
중 인 역 역 ,

聖人愚芚,
성 인 우 둔 ,

參萬歲而一成純.
참 만 세 이 일 성 순 .

장자는 세속의 사람들의 행태를 '역역(役役, 몸을 아끼지 않고 힘써 일만 함)'이라 표현하며, 그들이 끊임없이 바쁘게 움직이고 이익을 좇으며 살아가는 모습을 꼬집습니다. 그와 대조적으로 성인은 어리석고 둔해 보이지만, 이는 세상의 이치와 명예, 이익에 휘둘리지 않기 때문입니다. 성인은 세속적 기준에서는 부족해 보일지 몰라도, 오랜 시간 동안 변화와 부침 속에서도 흔들리지 않으며, 마침내 '순수'라는 궁극의 상태에 이르게 됩니다.

우리가 분주히 좇는 성공이 정말로 중요한 것일까요? 아니면 성인처럼 속세에서 한 발 물러서서, 혼란과 무질서 속에서도 자연에 몸을 맡기고 나아가는 것이 더 지혜로운 삶일까요?

오늘의 생각 | 오늘 필사를 하면서 느낀 점이나 떠오른 생각을 적어보세요.

여덟. 『장자』「내편」제4장 「인간세」

지금에서야 깨달았으니,
쓸모없음이야말로 나에게 가장 큰 쓸모가 되었소.
내가 쓸모가 있었다면 과연 이렇게 큰 쓸모를 누릴 수 있었겠소?
당신이나 나나 모두 만물의 일부일 뿐인데,
어찌 서로를 함부로 평가할 수 있겠소?
죽을 때가 다 되어가는 쓸모없는 사람이
어찌 쓸모없는 나무의 쓸모를 알 수 있겠소!

乃今得之, 爲予大用.
내 금 득 지, 위 여 대 용.

使予也而有用, 且得有此大也邪?
사 여 야 이 유 용, 차 득 유 차 대 야 야?

且也若與予也皆物也. 奈何哉其相物也?
차 야 약 여 여 야 개 물 야. 내 하 재 기 상 물 야?

而幾死之散人, 又惡知散木!
이 기 사 지 산 인, 우 오 지 산 목!

장자는 쓸모없음이 오히려 가장 큰 쓸모를 지닌다고 이야기합니다. 유용한 존재로 평가받았다면 그 쓸모에 얽매여 자유를 잃었을 것입니다. 쓸모없기에 간섭받지 않고 자유롭게 살아갈 수 있는 것이죠. 쓸모없는 나무가 오래 살아남는 것처럼, 쓸모없음은 중요한 가치입니다. 사람이나 나무를 쓸모로 평가하는 것은 무의미하며, 각자의 본성을 존중해야 합니다.
유용한 존재로 인정받기 위해 애쓰기보다는 자신만의 자유와 평온을 찾는 것이 어떨까요?

오늘의 생각 | 오늘 필사를 하면서 느낀 점이나 떠오른 생각을 적어보세요.

아홉. 『장자』「내편」제4장 「인간세」

계수나무는 그 껍질을 먹을 수 있으니,
사람들은 그것을 베어 간다.
옻나무로는 옻칠을 할 수 있으니,
사람들은 그것을 잘라 쓴다.
사람들은 모두 쓸모 있는 것의 쓸모를 알고 있지만,
쓸모없음의 쓸모는 알지 못한다.

桂可食, 故伐之.
계 가 식 , 고 벌 지 .

漆可用, 故割之.
칠 가 용 , 고 할 지 .

人皆知有用之用, 而莫知無用之用也.
인 개 지 유 용 지 용 , 이 막 지 무 용 지 용 야 .

유용한 것은 오히려 잘려나가지만, 쓸모없어 보이는 것이 가끔은 더 오래 살아남습니다. 이것은 우리가 가치 있다고 생각하는 것들이 실제로는 우리를 해칠 수 있음을 경고합니다. 눈에 띄는 성취나 이익만을 추구하기보다, 세상의 기대에서 벗어나 쓸모없음 속에서 자유로움을 찾는 것이 현명할 수 있습니다. 유용하다고 여기는 것이 정말로 지속적인 가치를 제공할까요?

오늘의 생각 | 오늘 필사를 하면서 느낀 점이나 떠오른 생각을 적어보세요.

열. 『장자』「내편」 제5장 「덕충부」

같은 관점에서 보면,
만물은 모두 하나로 보인다.
이런 상태에 이르면,
눈과 귀로 무엇이 옳고 그른지를 구분할 필요가 없어지고,
마음은 덕이 이루는 조화 속에서 자유롭게 움직인다.

自其同者視之, 萬物皆一也.
자 기 동 자 시 지, 만 물 개 일 야.

夫若然者, 且不知耳目之所宜,
부 약 연 자, 차 부 지 이 목 지 소 의,

而遊心乎德之和.
이 유 심 호 덕 지 화.

모든 것을 같은 시선으로 바라보면, 세상의 만물은 결국 하나로 연결되어 있습니다. 서로 다른 존재처럼 보이지만, 본질적으로는 차이가 없습니다. 이러한 깨달음에 이르면, 우리는 더 이상 눈이나 귀로 사물을 구분하려 하지 않게 됩니다. 시각이나 청각 같은 감각에 의존해 판단하지 않고, 마음을 덕의 조화로운 흐름에 맡깁니다. 이는 무언가를 억지로 판단하거나 구분하지 않으며, 자연스러운 흐름 속에서 자유를 얻는 삶을 의미합니다.
외부의 감각에 의존하지 않고, 모든 것을 하나로 바라보며 마음의 평온을 유지하는 것은 어떤 느낌일까요?

오늘의 생각 | 오늘 필사를 하면서 느낀 점이나 떠오른 생각을 적어보세요.

열하나. 『장자』「내편」 제5장 「덕충부」

하늘은 모든 것을 덮어주고,
땅은 모든 것을 품습니다.

夫天無不覆,
부 천 무 불 부,

地無不載.
지 무 부 재,

하늘은 어떤 것이라도 가리지 않고 모두를 덮어주며, 땅은 무엇이든지 떠받쳐 줍니다. 이것은 자연이 모든 존재를 구분하거나 차별하지 않고 받아들이며, 자신의 안에서 생명이 조화롭게 살아갈 수 있도록 도와준다는 의미입니다. 하늘과 땅처럼, 우리도 포용력과 넓은 마음을 가져야 합니다. 세상에 존재하는 만물을 있는 그대로 받아들이고 어떤 경계나 차별도 두지 않을 때, 우리는 조화를 이루며 살아갈 수 있습니다.

오늘의 생각 | 오늘 필사를 하면서 느낀 점이나 떠오른 생각을 적어보세요.

제6부 자유롭게 거닐며 세속의 구속에서 벗어난 상태

逍遙

소요

하나. 『장자』「내편」 제2장 「제물론」

장주는 자신이 꿈속에서 나비가 되었는지,
나비가 꿈속에서 자신이 되었는지 알지 못한다.

不知周之夢爲胡蝶與,
부 지 주 지 몽 위 호 접 여 ,

胡蝶之夢爲周與.
호 접 지 몽 위 주 여 .

* 장주(莊周): 장자의 본명.

이 이야기에는 우리가 흔히 구분하는 현실과 비현실, 혹은 나와 남의 경계가 절대적인 것이 아니라는 깨달음이 담겨 있습니다. 우리가 진실이라 여기는 것조차 하나의 꿈과 같은 상태일 수 있으며, 현실이란 무엇인지 명확히 알 수 없는 상황일 수 있습니다.

지금 자신의 삶이 꿈인지 현실인지, 자신의 진정한 모습은 무엇인지 분명히 알고 있나요?

오늘의 생각 | 오늘 필사를 하면서 느낀 점이나 떠오른 생각을 적어보세요.

둘. 『장자』「내편」제3장 「양생주」

못가에 사는 꿩은 열 걸음을 걸어야 먹이를 한 입 쪼아 먹을 수 있고,
백 걸음을 걸어야 물 한 모금을 마실 수 있다.
하지만 꿩은 울타리 안에서 사육되는 것을 바라지 않는다.
비록 몸은 편안할지라도,
자유를 잃으면 좋은 삶이 아니기 때문이다.

澤雉十步一啄, 百步一飮,
택 치 십 보 일 탁, 백 보 일 음,

不蘄畜乎樊中.
불 기 축 호 번 중.

神雖王, 不善也.
신 수 왕, 불 선 야.

자연에서 자유롭게 살아가는 꿩은 먹이를 구하기 불편하고, 물을 찾는 데 시간이 걸리더라도 자유를 포기하지 않습니다. 제한된 울타리 안에서 보호받고 쉽게 먹이를 얻으며 안락하게 살기보다는, 스스로 자유롭게 움직이며 살기를 원합니다. 아무리 안전하고 보호받는 환경에서 살지라도, 자유가 없으면 그것은 바람직하지 않은 삶입니다. 꿩의 자유로운 삶은 안전함과 편리함에 안주하지 않고 자연스러운 본성을 따르는 것입니다.

우리 역시 마찬가지입니다. 외부의 안락함이나 보호를 지나치게 추구하면 자유를 잃어버릴 수 있습니다. 진정한 삶은 불편함을 감수하더라도, 자유롭게 선택하고 행동할 수 있는 상태에서 찾아옵니다.

지금 여러분은 안정된 상태에 머무르고 있나요, 아니면 불편함 속에서도 자유를 추구하며 살아가고 있나요?

오늘의 생각 | 오늘 필사를 하면서 느낀 점이나 떠오른 생각을 적어보세요.

셋. 『장자』「내편」 제6장 「대종사」

참된 사람이란 어떤 사람인가?
옛날의 참된 사람은 적다고 불평하지 않고,
성취한 것을 자랑하지 않았으며, 인위적으로 일을 도모하지 않았다.
이러한 사람은 실패해도 후회하지 않으며,
성공해도 스스로 자랑하지 않는다.
이러한 사람은 높은 곳에 올라서도 두려워하지 않고,
물속에 들어가도 젖지 않으며,
불 속에 들어가도 뜨거움을 느끼지 않는다.
앎이 도(道)의 경지에 이른 자만이 이와 같을 수 있다.

何謂眞人? 古之眞人, 不逆寡, 不雄成, 不謨士.
하 위 진 인 ? 고 지 진 인 , 불 역 과 , 불 웅 성 , 불 모 사 .

若然者, 過而弗悔, 當而不自得也.
약 연 자 , 과 이 불 회 , 당 이 부 자 득 야 .

若然者, 登高不慄, 入水不濡, 入火不熱,
약 연 자 , 등 고 불 률 , 입 수 불 유 , 입 화 불 열 ,

是知之能登假於道者也若此.
시 지 지 능 등 가 어 도 자 야 약 차 .

참된 사람은 세속의 성공에 눈길을 주지 않고, 실패 앞에서 초라해지지 않으며, 내면의 평온을 삶의 축으로 삼습니다. 물속도 불 속도 두려워하지 않는 경지에 이르러, 외부의 소란을 그저 한낱 지나가는 바람처럼 여깁니다.
여러분은 아직도 외부의 소란에 휩쓸리고 있나요, 아니면 그 너머의 고요를 찾고 있나요?

오늘의 생각 | 오늘 필사를 하면서 느낀 점이나 떠오른 생각을 적어보세요.

넷. 『장자』「내편」제7장 「응제왕應帝王」

성인이 다스린다는 것이 외적인 것만 다스리는 것이겠는가?
성인은 먼저 자신을 바르게 한 후에 행동하며,
확실히 할 수 있는 일을 할 뿐이네.

夫聖人之治也, 治外乎?
부 성 인 지 치 야, 치 외 호?

正而後行, 確乎能其事者而已矣.
정 이 후 행, 확 호 능 기 사 자 이 이 의.

성인의 통치 방식은 강제로 이루어지는 것이 아닙니다. 좋은 통치란 법이나 규율로 억지로 사람들을 제어하는 것이 아니라, 먼저 자신을 바로 세우는 것에서 출발합니다. 성인은 스스로의 도덕적 기준과 내면의 질서를 먼저 확립한 뒤, 그것을 바탕으로 행동합니다. 즉, 성인은 자기 자신이 먼저 도덕적 기준을 따르기에, 그의 주변도 자연스럽게 조화와 질서를 찾게 되는 것입니다. 성인의 다스림은 강제적이지 않고, 스스로가 모범이 됨으로써 이뤄집니다.

오늘의 생각 | 오늘 필사를 하면서 느낀 점이나 떠오른 생각을 적어보세요.

다섯. 『장자』「내편」제7장 「응제왕」

지혜로운 왕의 통치는

천하를 다스리면서도 마치 자신이 한 것이 아닌 듯

자연스럽게 이루어진다.

그는 만물을 감화시키지만

백성들은 그에게 의지한다고 느끼지 않는다.

그는 자신의 이름을 드러내지 않고,

모든 것을 스스로 기뻐하며 살아가게 만든다.

明王之治, 攻蓋天下而似不自己,
명 왕 지 치, 공 개 천 하 이 사 부 자 기,

化貸萬物而民弗恃.
화 대 만 물 이 민 불 시.

有莫擧名, 使物自喜.
유 막 거 명, 사 물 자 희.

현명한 통치자는 억지로 세상을 다스리려 하지 않습니다. 오히려 자연스러운 흐름 속에서 일을 처리하고, 자신이 한 일조차 드러내지 않습니다. 백성들은 그가 통치하고 있다는 것을 거의 느끼지 못할 정도로 자유롭고 편안하게 살아갑니다. 이름을 내세우거나 권력을 과시하지 않고, 모든 존재들이 스스로의 본성에 따라 살아가도록 돕는 것이 진정한 통치입니다. 이처럼, 지혜로운 다스림은 억압이나 강요 없이 자연스럽게 이루어지는 것입니다.
다른 사람들이 내 뜻대로 움직이도록 강요하기보다는, 그들이 스스로 행복하게 살아가도록 돕는 것은 어떨까요?

오늘의 생각 | 오늘 필사를 하면서 느낀 점이나 떠오른 생각을 적어보세요.

여섯. 『장자』「내편」 제7장 「응제왕」

이름을 좇아 무언가를 이루려 하지 않고,
꾀를 부려 계획을 세우지 않으며,
일을 맡겨도 그에 집착하지 않는다.
또한, 지혜를 의지해 무언가를 주관하려 하지 않는다.
무궁한 도를 체득하며,
드러나는 흔적 없이 자유롭게 노닌다.

無爲名尸, 無爲謀府,
무 위 명 시 , 무 위 모 부 ,

無爲事任, 無爲知主,
무 위 사 임 , 무 위 지 주 ,

體盡無窮, 而遊無朕.
체 진 무 궁 , 이 유 무 짐 .

자유는 명성이나 명예에 얽매이지 않고, 무언가를 계획하거나 꾀하려는 욕망에서 벗어나는 데서 시작됩니다. 일을 맡기더라도 그 일에 집착하거나 스스로 주도하려 하지 않으며, 지혜를 통해 세상을 주관하려는 마음조차 내려놓습니다. 이런 상태에서 사람은 무한한 도와 하나가 되어 그 무한함을 온전히 누리고, 삶의 흔적을 남기지 않고 자유롭게 살아갑니다. 진정한 도는 억지로 무언가를 성취하거나 계획하지 않으며, 그저 자연 속에서 존재 자체로 완전해지는 것입니다.
세속적인 이름이나 계획에 얽매이지 않고, 자연스럽게 자유로운 삶을 누리고 있나요?

오늘의 생각 | 오늘 필사를 하면서 느낀 점이나 떠오른 생각을 적어보세요.

일곱. 『장자』「외편」 제8장 「변무」

그러므로 천하의 모든 생명체는 자연스럽게 살아가지만,
자신의 삶의 근원을 알지 못한다.
모두가 함께 삶을 누리지만, 삶의 본질이 무엇인지 깨닫지 못한다.
이런 자연의 흐름은 고대부터 지금까지 변함없으며,
결코 끊어지지 않는다.
그런데 인(仁)과 의(義)는 어찌 아교나 옻칠, 밧줄처럼
인위적으로 엉겨 붙어,
도(道)와 덕(德)의 자연스러운 흐름에 끼어드는가?

故天下誘然皆生, 而不知其所以生,
고 천 하 유 연 개 생, 이 부 지 기 소 이 생,

同焉皆得, 而不知其所以得.
동 언 개 득, 이 부 지 기 소 이 득.

故古今不二, 不可虧也.
고 고 금 불 이, 불 가 휴 야.

則仁義又奚連連如膠漆纆索而遊乎道德之間爲哉?
즉 인 의 우 해 연 련 여 교 칠 묵 색 이 유 호 도 덕 지 간 위 재?

천하의 만물은 자연스럽게 존재하며 움직이지만, 우리는 그 근원과 이치를 완전히 알지 못한 채 살아갑니다. 이는 아득한 옛날부터 이어져 온 자연의 순리이기 때문입니다. 한편, 인간 사회에서 중시되는 인(仁)과 의(義)와 같은 도덕적 가치는 인위적 질서로, 자연스러워야 할 삶의 흐름을 얽매기도 합니다. 하지만 참된 도와 덕은 인위적으로 만들어지지 않으며, 삶 속에서 자연스럽게 드러나는 것입니다.

오늘의 생각 | 오늘 필사를 하면서 느낀 점이나 떠오른 생각을 적어보세요.

여덟. 『장자』「외편」 제10장 「거협胠篋」

사람들이 본래의 총명함을 간직한다면,
세상은 해를 입지 않을 것이다.
사람들이 본래의 지혜를 간직한다면,
세상은 미혹되지 않을 것이다.
사람들이 본래의 덕을 지킨다면,
세상은 그릇된 길로 빠지지 않을 것이다.

人含其聰, 則天下不累矣.
인 함 기 총 , 즉 천 하 불 루 의 .

人含其知, 則天下不惑矣.
인 함 기 지 , 즉 천 하 불 혹 의 .

人含其德, 則天下不僻矣.
인 함 기 덕 , 즉 천 하 불 벽 의 .

사람이 타고난 총명함을 내면에 간직하고 사용한다면, 세상은 혼란에 빠지지 않습니다. 또한, 지혜를 제대로 품은 사람은 세상을 명확하게 바라보고 세상이 미혹되어 잘못된 길에 빠지지 않게 합니다. 마지막으로, 덕을 간직한 사람은 도덕적 기준을 확고히 해, 세상이 그릇된 방향으로 나아가지 않게 합니다. 즉, 우리가 스스로의 총명함, 지혜, 덕을 내면에서 바로 세우고 그것을 유지할 때, 세상은 혼란이나 잘못된 길로 가지 않으며, 자연스럽게 올바른 질서를 유지하게 됩니다.

오늘의 생각 | 오늘 필사를 하면서 느낀 점이나 떠오른 생각을 적어보세요.

아홉. 『장자』「외편」 제18장 「지락至樂」

나는 무위(無爲)를 통해 참된 즐거움을 얻었으나,
그것은 또한 세속 사람들이 크게 괴로워하는 것이다.

吾以無爲誠樂矣,
오 이 무 위 성 락 의 ,

又俗之所大苦也.
우 속 지 소 대 고 야 .

무위(無爲)란 인위적인 노력을 하지 않고 자연의 흐름에 몸을 맡기는 삶의 방식입니다. 즉, 억지로 무언가를 이루려 하지 않으며, 자연스러운 상태에서 오는 참된 평온과 즐거움을 의미합니다. 하지만 세속적인 사람들에게는 이러한 삶이 낯설고 어렵게 느껴집니다. 그들은 목표를 이루기 위해 끊임없이 노력하고, 자신을 채찍질하는 삶 속에서 괴로워합니다. 참된 즐거움은 겉으로 보이는 성취나 끝없는 욕망을 충족시키는 데 있지 않고, 자연스럽게 흘러가는 삶 속에서 찾아옵니다.
세속적 욕망은 잠시 내려놓고, 무위의 삶 속에서 참된 즐거움을 찾아보는 것은 어떨까요?

오늘의 생각 | 오늘 필사를 하면서 느낀 점이나 떠오른 생각을 적어보세요.

열.　『장자』「외편」 제19장 「달생達生」

운명의 본질에 통달한 사람은,
어찌할 수 없는 일에 대해 굳이 알려고 애쓰지 않는다.

達命之情者,
달 명 지 정 자 ,

不務知之所無奈何.
불 무 지 지 소 무 내 하 .

운명의 본질에 통달한 사람은 세상사에 집착하지 않습니다. 그는 자신이 통제할 수 없는 일들에 대해 고민하거나 왜 그런 일이 일어났는지 억지로 그 이유를 알려고 하지 않습니다. 세상에는 우리가 해결하거나 바꿀 수 없는 일이 많으며, 그런 일에 지나치게 얽매이면 스스로를 고통스럽게 만들 뿐입니다. 삶의 자연스러운 흐름에 자신을 맡기고, 해결할 수 없는 일은 그대로 두는 것이 좋습니다.
해결할 수 없는 일에 얽매이지 않고, 용기를 내어 자연스러운 흐름에 순응해 보는 것은 어떨까요?

오늘의 생각 | 오늘 필사를 하면서 느낀 점이나 떠오른 생각을 적어보세요.

열하나. 『장자』「외편」 제14장 「천운天運」

고대의 지극한 경지에 이른 사람은
인(仁)을 통해 도(道)를 실천하며,
의(義)에 의지해 삶을 살았습니다.
그들은 자유롭고 유유히 세상을 살아가며,
작은 밭에서 식량을 얻고
타인의 도움 없이 서 있었지요.

古之至人, 假道於仁,
고 지 지 인, 가 도 어 인,

託宿於義, 以遊逍遙之墟,
탁 숙 어 의, 이 유 소 요 지 허,

食於苟簡之田, 立於不貸之圃.
식 어 구 간 지 전, 입 어 부 대 지 포.

인(仁)은 타인에 대한 배려와 사랑을 뜻하며, 의(義)는 정의롭게 행동하는 것을 의미합니다. 옛날의 지혜로운 사람은 인과 의를 통해 도(道), 즉 자연스러운 삶의 원리를 따르며 살았습니다.
그들의 삶은 인위적이거나 복잡하지 않았습니다. 소박하고 검소한 삶을 살며, 타인의 도움 없이 자립하는 것을 중요하게 여겼습니다. 물질적인 풍요나 외부의 도움에 의지하지 않고, 자신만의 원칙과 자연의 이치에 따라 살아가는 자립적이고 자유로운 삶을 살고자 한 것입니다.
우리도 세속적인 욕망을 내려놓고, 소박하고 자립적인 삶을 통해 진정한 자유를 찾아보면 어떨까요?

오늘의 생각 | 오늘 필사를 하면서 느낀 점이나 떠오른 생각을 적어보세요.

열둘. 『장자』「외편」 제19장 「달생」

간과 쓸개까지 잊어버리고
귀와 눈마저 내려놓은 채,
속된 세상 밖 아득한 곳을 떠돌며,
아무 일에 얽매이지 않고 노닙니다.

忘其肝膽, 遺其耳目,
망 기 간 담 , 유 기 이 목 ,

茫然彷徨乎塵垢之外,
망 연 방 황 호 진 구 지 외 ,

逍遙乎無事之業.
소 요 호 무 사 지 업 .

이 구절은 장자 철학의 핵심인 무위자연의 경지를 표현합니다. '간과 쓸개를 잊는다'는 것은 인간의 감정과 본능을 초월해 욕망에 휘둘리지 않는 상태를 의미하고, '귀와 눈을 잊는다'는 것은 외부의 자극에 반응하지 않고 내면의 평안을 찾는 것을 뜻합니다. '속된 세상 밖 아득한 곳을 떠돈다'는 세속의 문제에서 벗어나 자유로운 상태를 묘사하며, '아무 일에 얽매이지 않고 논다'는 어떤 것에도 얽매이지 않게 되는 궁극적 자유를 의미합니다. 이것은 도와 하나가 되는 무위의 경지로, 인간이 목적에 얽매이지 않고 자연 속에서 자유롭게 살아가는 최상의 경지입니다.
감정, 욕망, 외부의 자극에 휘둘리지 않고 이러한 무위자연의 경지에 이르려면 어떻게 해야 할까요?

오늘의 생각 | 오늘 필사를 하면서 느낀 점이나 떠오른 생각을 적어보세요.

전란의 시대와 함께 피어난 자유의 철학

장자는 기원전 4세기경, 춘추 전국 시대 말기의 혼란스러운 사회 환경 속에서 활동한 철학자였다. 이 시기는 중국 역사상 가장 혼란스러운 시기로, 전쟁과 정치적 갈등이 끊이지 않던 시대였다. 춘추 전국 시대는 중국이 여러 개의 독립된 제후국으로 나뉘어 서로 패권을 다투던 시기였으며, 그 결과 전쟁이 일상이 되고 각국은 국력을 강화하고 생존하기 위해 치열한 경쟁을 벌였다.

약 500년에 이르는 춘추 전국 시대 동안 혼란과 전쟁이 장기간 이어졌다. 각 제후국은 힘을 키우기 위해 새로운 사상과 제도를 도입했고, 그 과정에서 많은 사상가들이 다양한 철학과 견해를 제시하게 되었다. 그 결과 유가(儒家), 묵가(墨家), 법가(法家), 도가(道家) 등 다양한 학파들이 등장하여 자신들의 사상을 내세웠다.

유가와 법가의 대두 | 도덕에 의한 통치냐, 법에 의한 통치냐

춘추 전국 시대는 많은 철학자들이 국가의 통치 방법과 사회 질서를 세우고 유지하는 방법에 대해 고민하게 된 시기였다. 이 중 유가(儒家)는 공자(孔子)를 중심으로 인간의 도덕적 완성과 사회의 화합에 기반한 도덕적 규범을 통해 질서를 유지하는 것이 가장 중요하다고 주장한 학파이다. 유가는 인간의 선한 본성을 믿었으며, 교육

과 수양을 통해 군자가 되어야 한다고 가르쳤는데, 특히 인의예지(仁義禮智)를 바탕으로 한 도덕적 덕목을 실천하여 개인과 사회 간의 질서를 정립하는 것이 목표였다.

그러나 장자는 유가의 사상에 비판적이었다. 인간이 인위적인 도덕 규범에 얽매이게 될 때 자신의 자연스러운 본성을 잃어버리고 억압된 삶을 살게 된다고 보았기 때문이다. 유가가 주장하는 도덕적 규범은 인간을 더 나은 존재로 만드는 것이 아니라, 오히려 인위적인 틀에 가두어 구속한다고 여긴 것이다. 장자는 도덕적인 규율이나 타인의 명령에 얽매이지 않는 자연스럽고 자유로운 삶을 통해, 인간이 본래 가지고 있는 자연스러운 본성을 억압하지 않고 살아야 한다고 피력했다.

또 다른 주류 정치 사상으로 대두된 법가(法家)는 인간 본성의 근본은 이기심이라고 보고, 강력한 법으로 백성을 엄격히 통제해 국가를 안정시키려 했다. 법가의 대표적인 사상가는 한비자(韓非子)로, 형법과 법률을 엄격히 시행함으로써 사회를 통제하는 것이 사회 질서를 유지하는 최선의 방법이라고 보았다. 법가는 인간의 본성이 선하기보다는 이기적이고 탐욕스럽다고 보았기 때문에, 이를 강력한 법과 권력으로 제어해야만 한다고 했다.

그러나 장자는 법가의 법치주의를 더욱 강력하게 비판했다. 인간이 법과 규율에 얽매이는 것은 인간 본연의 자유를 억압하는 것이라고 판단했기 때문이다. 그는 법가가 주장하는 강력한 법과 질서는 인간의 자유를 억누르며, 모든 것을 법으로 통제하려는 시도는 인간을 기계로 만드는 것과 다름없다고 했다. 장자는 인간이 자연의 법칙에 따라 자유롭게 살아가는 것이 가장 이상적인 상태이며, 강제적인 법과 통제는 인간의 자유로운 삶을 방해하는 요소로 여겼다.

도가의 등장과 노자의 사상적 영향

장자가 이러한 유가와 법가 사상에 반대하며 발전시킨 것은 도가(道家) 철학이었다. 도가는 노자(老子)의 사상을 기반으로 형성된 학파로, '도(道)'라는 근본 원리를 통해 우주와 인간, 자연의 조화로운 관계를 설명하려 했다. 노자는 『도덕경(道德經)』에서 도(道)를 만물의 근본 원리이자 우주의 본질로 설명했으며, 인위적으로 무언가를 만들거나 통제하려 하지 않고 자연스럽게 도를 따르는 삶이 이상적인 삶이라고 설파했다.

노자의 무위자연(無爲自然) 사상은 장자에게 큰 영향을 미쳤다. 노자가 강조한 '무위(無爲)'란 자연스럽게 살아가는 삶의 방식으로, 인간이 인위적으로 무언가를 성취하려 하지 않고, 자연의 흐름에 몸을 맡겨 살아갈 때 비로소 진정한 자유와 평화를 누릴 수 있다는 개념이다. 장자는 노자의 무위 사상을 이어받아 자연의 도에 순응하는 것이 가장 이상적인 삶의 방식이라고 보았다. 장자가 인간이 자연과 조화를 이루며 살아갈 때 어떤 억압이나 강제적인 규율도 필요하지 않다고 생각한 것은 바로 그러한 무위 사상에 따른 것이었다.

이후 장자는 노자의 사상을 바탕으로 자신의 사상을 더욱 심화시켜 나갔다. 노자는 도를 주로 우주의 근본 원리로 설명했지만, 장자는 인간과 자연, 그리고 사회에서 도를 구체적으로 어떻게 적용할지 탐구했다. 그렇게 장자가 도달한 진리는 인간이 도를 깨닫고 그 흐름에 따라 살아갈 때, 모든 갈등과 불안에서 벗어날 수 있다는 사실이다. 장자는 특히 인간이 자연과 하나 되어 살아가는 것이야말로 진정한 자유를 얻는 길이라고 주장했다.

묵가의 영향

장자는 노자의 사상 외에도 당대의 여러 사상에서 영향을 받았다. 그중 하나가 묵가(墨家)의 실용주의이다. 묵가는 공리주의적 사고를 기반으로 평등과 검소한 생활과 함께, 인간과 사회가 다수의 이익을 극대화하는 방식으로 살아가는 것을 주장한 학파이다. 묵가의 평등주의는 모든 생명체와 사물이 본질적으로 평등하다는 도가의 관점을 강화하는 데 영향을 미쳤다. 이에 영향을 받은 장자는 만물이 자연의 일부로서 평등하며, 서로 다른 위치에 있을지라도 그 차이가 우열을 결정짓는 기준이 될 수 없다는 사상에 도달했다. 이는 묵가의 사회적 평등을 강조하는 시각이 장자의 사물에 대한 상대성 철학과 만나면서 발전하게 된 부분이다.

또한 묵가의 검소한 생활을 강조하는 태도는, 욕망과 집착에서 벗어나 자연스럽게 살아가야 한다는 장자의 철학과도 연결된다. 묵가는 인간이 물질에 대한 욕망을 줄이고 검소하게 살아야 한다고 했는데, 이러한 검소함의 철학은 욕망을 버리고 억지로 성취하려 하지 말라는 장자의 사상을 발전시켰다.

장자의 철학 살펴보기

장자(莊子)의 철학은 자연, 무위, 상대성의 인식을 중심으로 전개된다. 그는 인간이 자연의 일부로서 그 흐름에 따라 살아가야 하며, 이를 통해 자유를 얻을 수 있다고 했다. 장자는 유가의 도덕적 규범이나 법가의 법적 질서와 같은 인위적인 제도가 인간을 억압한다고 보았으며, 이러한 규범에서 벗어나 자연에 순응하는 것이 인간에게 가장 이상적인 삶의 방식이라고 했다. 그 후 그의 사상은 인간의 본질적인 자유와 사회 전체의 자연스러운 조화를 탐구하는 사고로 확장되었다.

자연과의 조화

장자 철학의 핵심은 자연과의 조화이다. 장자는 인간이 자연의 일부로서 존재하며, 모든 생명체와 사물은 자연의 도(道) 안에서 평등하게 존재한다고 했다. 여기서 말하는 자연은 물리적인 환경이 아니라, 우주와 인간을 관통하는 본질적인 원리이다. 장자는 인간이 자연의 흐름에 순응할 때 비로소 조화롭게 살아갈 수 있다고 보았다.

'스스로 그러함'을 의미하는 '자연(自然)'이라는 개념은 인간이 본래의 상태로 돌아가 억지로 무엇을 이루려 하지 않고, 있는 그대로 존재해야 한다는 사고로 연결된다. 인간이 자연과 분리된 독립적인 존재가 아니라 자연의 일부로서, 자연의 흐름 속에서 자신을 발견해야 한다는 것이다. 자연과 조화를 이루는 삶은 장자의 철학에서 이상적인 인간의 삶이다.

장자는 이러한 자연과의 조화로운 관계 속에서 인간이 자신을 억제하거나, 인위적으로 무언가를 성취하려고 욕망하는 것을 경계했다. 자연의 도를 따라야만 외부의 규제나 구속에서 벗어나 자유와 평화를 누릴 수 있다는 것이다. 이는 유가의 도덕적 질서나 법가의 강력한 법적 통제와는 상반되는 주장이다.

무위無爲의 실천

무위(無爲)는 장자 철학에서 또 하나의 중요한 개념이다. 무위란 문자 그대로 '아무것도 하지 않는 것'을 의미하는 것이 아니라, 인위적으로 무엇을 이루려는 집착에서 벗어나 자연의 흐름에 본성을 맡기는 것을 뜻한다. 장자에 따르면 인간은 인위적인 욕망과 성취에 얽매일수록 더 큰 고통과 혼란을 겪게 된다. 반대로, 인간이 무위의 삶을 실천하며 억지로 무언가를 성취하려는 태도를 버릴 때 비로소 자유와 평안을 얻을 수 있다.

장자의 무위 사상은 노자의 영향을 받았지만, 장자는 이를 한층 더 발전시켜 개인의 삶뿐 아니라 사회 전체에까지 적용할 수 있는 철학으로 확장시켰다. 그는 사회의 혼란과 분열이 인간의 욕망과 집착에서 비롯되며, 이러한 문제를 해결하기 위해서는 모든 사람들이 무위의 태도를 실천해야 한다고 했다. 즉, 개개인이 무위의 삶을 실천할 때 사회 전체가 자연스럽게 조화를 이루고 갈등에서 벗어나 평화를 얻을 수 있는 것이다.

장자는 무위의 실천이 개인의 문제뿐만 아니라 사회적, 정치적 문제를 해결할 수 있다고 했다. 인간이 자신의 욕망과 집착을 버리고 자연의 도에 따라 살아갈 때, 더 이상 강제적인 법이나 도덕적 규범에 의존하지 않고도 사회가 평화롭게 유지될 수 있다고 생각했기 때문이다. 이때 무위는 무력감이나 방임을 의미하는 것이 아니라, 인위적인 행동을 버리고 자연의 흐름을 따르는 태도를 말한다. 따라서 장자는 욕망과 집착을 버리고, 억지로 무언가를 성취하려는 태도를 지양하는 것이 인간 본연의 자유와 평화를 찾는 길이라고 설파했다.

상대성의 인식

장자의 철학에서 중요한 세 번째 개념은 상대성이다. 장자는 우주 만물이 본질적으로 상대적이라고 보았다. 그는 절대적인 옳고 그름, 선악, 크고 작음은 존재하지 않으며, 모든 것은 서로 상대적 관계 속에서 존재한다고 했다. 이 개념은 장자가 유가와 법가, 묵가 등의 철학적 관점을 비판하면서도 그들의 상대성을 이해하고 포용할 수 있는 지혜로 발전했다.

장자는 「제물론(齊物論)」에서 모든 사물이 도(道) 안에서 평등하며,

각기 다를 뿐 본질적으로는 우열이 없다고 했는데, 이는 모든 사물이 저마다 그 특성과 목적이 다르지만, 그 차이는 절대적인 것이 아니라 단지 상대적인 것일 뿐이기 때문이다. 예를 들어, 작은 새는 작은 대로, 큰 새는 큰 대로 살아가는 것이 자연스러우며, 이 두 존재 사이에는 본질적인 차이나 우열이 존재하지 않는다고 설명했다.

장자는 상대성의 철학을 통해 삶과 죽음, 선과 악, 행복과 불행 등의 개념을 고정한 이분법적 사고에서 벗어나고자 했다. 인간은 절대적인 진리를 찾으려는 욕망에서 벗어나, 모든 것을 상대적으로 바라보고 받아들일 때 비로소 참된 자유를 누릴 수 있다. 장자의 이러한 상대성에 대한 인식은 유가의 도덕적 절대성이나 법가의 법률적 절대성에 대한 비판적인 시각을 반영하고 있다. 이로써 장자는 인간이 더 유연하고 자유롭게 세상을 바라볼 수 있는 방법을 제시했다.

욕망과 집착에서의 탈피

결과적으로 장자의 철학은 인간이 욕망과 집착에서 벗어나는 것이라는 중요한 주제로 이어진다. 인간이 자신의 욕망과 집착을 버리지 못할 때, 그 욕망은 인간을 억압하고 불행하게 만든다. 욕망은 끊임없이 더 많은 것을 갈망하게 만들며, 인간은 끝없는 갈망 속에서 진정한 행복이나 평안을 찾지 못하게 된다. 장자는 이러한 욕망과 집착이 인간 본연의 자유를 가로막는 장애물이며, 이를 내려놓아야만 진정한 자유를 누릴 수 있다고 했다.

또한 욕망으로부터 벗어나고자 하는 장자의 사상은 외부의 규범과 관습, 사회의 기대에서 벗어나야 한다는 사상으로 이어진다. 사회가 요구하는 기준에 맞추기 위해 자신의 본성을 억누르고 무언가를 성취하려고 노력할 때, 인간은 더 큰 고통과 혼란에 빠진다. 그는 이러한 욕망에서 벗어나 자연의 흐름에 자신을 맡기는 것이 인간의 본성에 더 가까운 삶이라고 여겼으며, 이를 통해 인간 본연의 자연스러움을 유지하면서도 외부의 억압에서 자유로울 수 있는 방법을 모색했다.

자유와 조화를 향한 시대의 해답

춘추 전국 시대는 전쟁과 갈등이 일상화된 혼란의 시기였으며, 이러한 시대적 상황은 많은 철학자들이 사회와 인간 본성에 대해 깊이 고민하도록 이끌었다. 그중에서도 장자는 인간이 자연의 이치를 따르고, 억압이나 강제적인 규율에서 벗어나 자유와 조화로운 삶을 추구해야 한다는 결론을 제시한 것이다.

장자의 사상은 혼란스러운 시대 속에서 인간이 추구할 수 있는 자유와 조화를 지향한 시대적 해답이었으며, 그의 철학은 억압적이고 경쟁을 부추기는 사회 구조 속에서 진정한 인간성을 되찾고자 하는 이상을 담고 있다.

나를 자유롭게 하는 장자의 문장들

자유로움을 쓰다,
장자 필사의 글

초 판 1쇄 발행 2024년 12월 15일

지은이 장자
편 역 팀 구텐베르크

펴낸이 김민성
편 집 이자연
디자인 임수현

펴낸곳 구텐베르크
주 소 경기도 수원시 광교로156 광교비즈니스센터 6층
전 화 070-8019-3287   **메 일** team@gutenberginc.com
인스타그램 @gutenberg.pub   **블로그** blog.naver.com/gutenberg_

· 이 책은 저작권법에 따라 보호를 받는 저작물이므로 무단 전재와 무단 복제를 금지하며,
  이 책 내용의 전부 또는 일부를 이용하려면 반드시 저작권자와 구텐베르크 출판사의
  동의를 받아야 합니다.

· 책값은 뒤표지에 있습니다. 잘못된 책은 구입처에서 교환해 드립니다.

ISBN 979-11-987374-3-4   03150

새로운 시대를 위한 영감, 구텐베르크 출판사입니다. 좋은 도서만을 제작하겠습니다.